W0181197

Fach-
ratgeber
Klett-Cotta

HILFE

AUS

EIGENER

KRAFT

ANGELIKA ROHWETTER

Den Inneren Kritiker zähmen

Strategien für ein gutes Selbstwertgefühl

Klett-Cotta

Klett-Cotta

www.klett-cotta.de

© 2015 by J.G. Cotta'sche Buchhandlung
Nachfolger GmbH, gegr. 1659, Stuttgart
Alle Rechte vorbehalten
Printed in Germany
Umschlaggestaltung: Weiß-Freiburg GmbH – Graphik & Buchgestaltung
Titelbild: © yuriyzhuravov / fotolia.com
Gesetzt in den Tropen Studios, Leipzig
Gedruckt und gebunden von CPI-Books, Clausen & Bosse, Leck
ISBN 978-3-608-86049-8

Zweite Auflage, 2016

Bibliografische Information der Deutschen Nationalbibliothek
Die Deutsche Nationalbibliothek verzeichnet diese Publikation in
der Deutschen Nationalbibliografie; detaillierte bibliografische
Daten sind im Internet über http://dnb.d-nb.de abrufbar

Schnelleinstieg

■ **Die inneren Stimmen kennenlernen** ▶ SEITE 16

■ **Das Ich und die Ich-Anteile** ▶ SEITE 37

■ **Die eigene Buddhanatur spüren:**
Versöhnung mit dem Kritiker ▶ SEITE 42

■ **Die Rolle des »Ungeschickten Verteidigers«** ▶ SEITE 45

■ **Warum wir das Gewissen brauchen** ▶ SEITE 50

■ **Wer dem Inneren Kritiker zuhört** ▶ SEITE 53

■ **Woran der Innere Kritiker uns hindert** ▶ SEITE 60

■ **Zusammenarbeit des Kritikers**
mit dem Ich, Teil 1 ▶ SEITE 75

■ **Test: Wer bestimmt über Ihr Leben?** ▶ SEITE 90

■ **Zusammenarbeit des Kritikers**
mit dem Ich, Teil 2 ▶ SEITE 103

■ **Auf dem Weg zur Versöhnung** ▶ SEITE 120

■ **Extraübungen** ▶ SEITE 152

Inhalt

Vorwort 9

A Verschiedene Seelen wohnen in meiner Brust 16

I.   Kennenlernen der inneren Instanzen 16

    1. Der Innere Kritiker 16

    Tricks des Inneren Kritikers 20

    2. Der Ungeschickte Verteidiger 26

    3. Das Gute Objekt 30

    4. Das Innere Kind – die Inneren Kinder 34

    5. ICH 35

    6. Das Starke Kind 36

II. Die Ego-State-Theorie – das Ich
    und seine inneren Gestalten 37

III. Buddha und was er mit dem Inneren Kritiker
    zu tun hat 42

IV. Was unterscheidet den Ungeschickten Verteidiger
    vom Guten Inneren Objekt? 45

V.   Was unterscheidet den Inneren Kritiker
    vom Gewissen? 48

VI. Exkurs: Das Gewissen 50

VII. Wer dem Inneren Kritiker zuhört 53

    1. Der Innere Kritiker und das traurige oder Ängstliche Kind . . . 54

    2. Der Innere Kritiker und das Wütende Kind 57

3. Der Innere Kritiker und der Ungeschickte Verteidiger 57

4. Der Innere Kritiker und das Gute Objekt 58

5. Der Innere Kritiker und das erwachsene Ich 59

6. Der Innere Kritiker und das Starke Kind 59

VIII. Woran der Innere Kritiker uns hindert 60

   1. Der Innere Kritiker hindert uns daran, ein fröhlicher,
selbstsicherer Mensch zu sein 60

   2. Der Innere Kritiker hindert uns,
gute Beziehungen zu führen 63

   3. Er hindert uns daran, uns zu mögen 67

   4. Der Innere Kritiker hindert uns daran, andere zu mögen 68

   5. Der Innere Kritiker macht es uns schwer, Sympathien von
anderen anzunehmen 69

   6. Der Innere Kritiker hindert uns daran,
ein guter Mensch zu sein 70

B Begegnungen und erste Zusammenarbeit 75

I. Exkurs: Es geht wirklich ohne Kritik 75

II. Warum der Innere Kritiker tut, was er tut 84

III. Einzelgespräche. Erster Teil 87

C Test: Wer bestimmt über Ihr Leben? 90

I. Test: Welche innere Gestalt ist bei Ihnen
am stärksten vertreten? 90

II. Testergebnisse 97

D Weitere Annäherung **103**

I.   Flammende Rede des Inneren Kritikers 103

II.   Die erste Konferenz 108

III. Einzelgespräche. Zweiter Teil 111

    1. Gespräch mit dem Ängstlichen Kind 111

    2. Gespräch mit dem Wütenden Kind 113

    3. Gespräch mit dem Starken Kind 115

    4. Gespräch mit dem Ungeschickten Verteidiger 116

    5. Gespräch mit dem Guten Objekt 117

E Auf dem Weg zu Versöhnung und Integration . . . **120**

I.   Ausführliches Gespräch mit dem Inneren Kritiker . . . 120

II.   Versöhnung 122

    1. Vom (persönlichen) Nutzen der inneren Instanzen 122

    2. Die Eltern unserer Kindheit 126

    3. Die zweite Konferenz 134

    4. Einübung in akzeptierenden Umgang 138

    5. Über den akzeptierenden Umgang mit Kritik der anderen . . . 143

III. Das Ich hält eine Rede 146

Nachwort – und wie es weitergeht **149**

Extraübungen **152**

Verzeichnis der Übungen **159**

Literatur **160**

Vorwort

Oft fühle ich im Laufe einer Therapie, wie unglücklich der Mensch ist, der mir gegenübersitzt. Und ich verstehe, wie es zu diesem Leid kam. Dann arbeiten wir an den Wurzeln des Unglücks und daran, wie sich das Leben zum Besseren wenden kann. Bei anderen Menschen denke ich manchmal, dass ich deren Unglück nicht wirklich verstehe. Sie sind doch mit allem ausgestattet, was es braucht, um glücklich zu sein: gesichertes Einkommen, funktionierende Beziehung, körperliche Gesundheit, Freundeskreis. Was fehlt? Warum reicht es nicht? Irgendetwas ist immer falsch, irgendwer tut ihnen gerade weh, irgendetwas, was sie sich wünschen, bekommen sie nicht, oder sie sind nicht gut genug. Sie glauben, dass keiner sie wirklich schätzt, weil sie so viele Fehler haben. Und weil sie so fehlerhaft sind, so der Glaube vieler Menschen, können sie auch nicht zufrieden mit sich oder gar stolz auf sich sein.

Im Zusammenhang mit einer Fortbildung in Trauma-Psychotherapie stieß ich auf die Erklärung: In vielen (wenn nicht in allen) Seelen wohnt eine Gestalt, die immer unzufrieden ist, Glück nicht gern zulässt – wenn es nicht unter Schmerzen verdient ist. Diese Gestalt gab dem Buch seinen Titel.

Bei meiner Beschäftigung mit den unterschiedlichen Meditationsmethoden habe ich viel über den tibetischen Buddhismus gelesen. Mich beeindruckte der Abschnitt der Lehre, der besagt, dass wir alle schon eine Buddhanatur in uns hätten. Wir müssen sie nur finden, mit ihr in Kontakt kommen. Mit Buddhanatur ist der Teil in uns gemeint, der gütig, geduldig, selbstbewusst, humorvoll und zufrieden ist. Je nach psychologischer Schule könnte man auch vom »gesunden Selbst« sprechen. Dieses Selbst verbirgt sich hinter Ängsten, Abwehrmechanismen, Selbstzweifel, Neid und anderen »Symptomen«, die uns am Glücklichsein hindern.

Zweifel und Kritik sind dabei die größten Hindernisse, oft lösen sie weitere Symptome wie Ängste oder Depressionen aus. Dieses Buch beschäftigt sich mit einem wichtigen Verursacher diesen Unglücks, dem Inneren Kritiker. Er ist weder gelassen noch akzeptierend noch mitfühlend – was wichtige Voraussetzungen für Zufriedenheit sind.

Wir sind erfüllt von Kritik, Wertung und Verurteilung, oft untermauert mit dem wahrhaft erschlagenden Argument:»Du musst *die Wahrheit* vertragen können.« Wir unterscheiden zwischen richtig und falsch, gut und schlecht. Das sind unsere Hauptkriterien. Dabei bemühen wir uns, alles »richtig« zu machen und »gut« zu sein. Leider führt jede Kritik, jede Bewertung, gleich, ob wir sie an uns selbst vornehmen, an den anderen Menschen oder an irgendwelchen Ereignissen, zu einem größeren Gefühl von Unzulänglichkeit und Scham. Das gilt auch, wenn wir andere kritisieren und von uns selbst meinen,»recht zu haben«, denn tief in unserem Inneren glauben wir nicht, dass wir wirklich *besser* sind als alle, die wir kritisieren.

Dieses Buch zeigt einen Weg aus dem Dilemma von Kritik, Schuldzuweisung und Scham. Es ist ganz einfach (was nicht bedeutet, es sei *leicht* in die Realität umzusetzen): Wir können aufhören, *alles* zu bewerten. Die Dinge sind, wie sie sind, ich bin, wie ich bin – jedenfalls in diesem Augenblick. Alles kann sich ändern, muss es aber nicht.

Ich schreibe in diesem Buch nicht nur über den Inneren Kritiker, sondern auch über gesunde Ich-Anteile und starke, fröhliche Kinder in uns. Es geht auch nicht darum, den Inneren Kritiker loszuwerden. Das funktioniert einfach nicht. Es geht darum, ihn zu zähmen, ihn sich vertraut zu machen. Wie sagt der schlaue Fuchs zu dem Kleinen Prinzen: »Man kennt nur die Dinge, die man zähmt.« Und: »Wenn du einen Freund willst, so zähme ihn.« Das heißt, seine Kritik abzumildern, zu relativieren und ihn zu integrieren, uns mit ihm zu versöhnen. Er gehört zu unserer Persönlichkeit und hat seine Bedeutung. Aber er hat noch nicht verstanden, dass wir erwachsene Menschen sind und ihn so, wie er sich gerade benimmt, nicht wirklich brauchen. Wir zeigen ihm, wie wir ihn brauchen. Damit übernehmen wir ein Stück mehr die Verantwortung für uns selbst.

Wir können zu uns selbst die akzeptierende Haltung einnehmen, die wir als Kind von unseren Bezugspersonen gebraucht hätten. Wie ein Kind können wir *beobachten, statt zu urteilen.* Wir können staunen über das, was wir sehen. Wir können neue Zusammenhänge erkennen, die uns durch Kritik und Urteile verschlossen bleiben. So können wir das Leben in seiner Fülle neu genießen.

Bemerkungen über Ratgeber im Allgemeinen
Es gibt viele Ratgeber auf dem Büchermarkt, und dieser Markt wächst. Und es gibt viele Menschen, die Ratgeber kaufen. Diese Bücher füllen eine Lücke zwischen »Ich kann mein Leben ohne größere Schwierigkeiten allein bewältigen« und »Ich habe ein oder mehrere große Probleme und brauche professionelle Hilfe«. Kann denn ein Ratgeber wirklich *helfen*? Die Antwort ist eindeutig: Nein, kann er nicht! Ein Ratgeber, der das von sich behauptet, ist unlauter, beziehungsweise sein Autor ist es. Warum also schreibe ich Ratgeber, warum kaufen und lesen Sie welche? Ist das dann sinnvoll? Ja, ist es. Und das ist kein Widerspruch. In einem Ratgeber gibt jemand sein Wissen und seine Erfahrungen weiter, seine Ideen zur Bewältigung verschiedener Konflikte oder Probleme. Er beschreibt Strategien, Techniken, gibt auch Erklärungen darüber, wie ein Konflikt zustande kommen kann, weil schon das Verständnis oft eine Erleichterung bringen kann. So bietet der Ratgeber gleichsam eine Kiste voller mentaler Schätze, aus der Sie aussuchen können, was Ihnen für sich selbst angemessen, nutzbar und Erfolg versprechend erscheint. Das ist die gute Nachricht. Die schlechte Nachricht ist: Ein Ratgeber hilft nicht, wenn Sie es nicht selbst tun. Selbst die Verantwortung zu übernehmen für sich, seine Entscheidungen, seine Gefühle, gehört zum Schwersten, das uns das Erwachsensein aufbürdet. Selbst wenn wir erkennen, wie viele unserer Probleme und merkwürdigen Verhaltensweisen in unserer Kindheit liegen, müssen wir die Veränderungen selbst und aus eigener Kraft vornehmen. Auch wenn Sie Unterstützung von Freunden, Therapeuten oder Ratgebern in Anspruch nehmen, ent-

stehen Veränderungen aus Ihrer eigenen Kraft heraus. Also: Ein Ratgeber ist wie ein Autoatlas. Sie sind gleichzeitig Fahrer und Auto. Auto ist das, was Sie gerade sind, was Sie mitbringen, Ihren Charakter, Ihren Intellekt, Ihre Gefühle, Ihren Körper. Fahrer sind Sie, weil Sie sich (Ihr ICH) lenken, Ihren ganzen Lebensweg lang.

Ich benutze auch gern folgendes Beispiel, um klarzumachen, dass Sie selbst handeln müssen: Wenn Sie schwimmen lernen wollen, brauchen Sie jemanden, der Ihnen sagt und zeigt, wie es geht. Dadurch können Sie allerdings noch nicht schwimmen, Sie müssen ins Wasser gehen! Manche Menschen stehen ihr ganzes Leben am Beckenrand und sagen: »Ich gehe erst ins Wasser, wenn ich schwimmen kann.«

Zum Lernen gehört immer eine sinnliche Erfahrung. Deshalb können Sie aus einem realen Buch eher lernen als aus einem virtuellen. Nichts gegen E-Books im Urlaub, aber ein Ratgeber muss aus Papier sein. Dann können Sie ihn mit dem Bleistift bearbeiten oder nach Lust und Laune nutzen.

Zum Schwimmenlernen ist es notwendig, wirklich schwimmen können zu wollen, Veränderungen wirklich zu wollen. Und um etwas wirklich wollen zu können, muss es auch Spaß machen! Das hat inzwischen die Gehirnforschung nachgewiesen: Wenn wir mit Freude lernen (oder arbeiten), ist es nicht nur leichter, sondern jedes kleine Ergebnis erhöht die Freude und macht Lust auf weiteres Wissen und Lernen. Und die Forschung hat auch mit der Idee aufgeräumt, unser Gehirn sei wie ein Bücherregal, das einfach mal voll ist. Je mehr wir lernen, umso mehr neue Synapsen bildet das Gehirn und umso mehr können wir lernen – bis an unser Lebensende. Ähnlich ist es mit Veränderungen, die Sie *aus eigener Kraft* erreicht haben. Sie entwickeln eine Sicherheit, in Ihrem Leben die Verantwortung übernehmen zu können, wirksam zu sein. Dieses Gefühl der Selbstwirksamkeit ist unsere wichtigste Kraft bei Problemen und im Leid. Genau deshalb legt dieser Ratgeber auch Wert auf die sogenannte Psychoedukation. Damit sind die Erklärungen (Theorien) gemeint, die ich zu den jeweiligen Aspekten unseres Themas gebe. Zu verstehen, wie unser Verhalten entstanden ist, hilft uns, geduldiger mit uns zu sein, Zusammenhänge zu erkennen und Handlungsmöglichkeiten zu entwickeln. So werden wir zum selbständigen Erwachsenen.

Ich hoffe, dass Sie viel Spaß mit diesem Ratgeber haben und die eine oder andere Veränderung oder Persönlichkeitsentwicklung, die Sie sich wünschen, auch erreichen. Wie das gehen könnte, beschreibe ich im nächsten Kapitel.

Wie Sie mit diesem Buch arbeiten können

Wie also können Sie mit diesem Buch arbeiten? Wie Sie wollen, wie es Ihnen Spaß macht, ist die logische Antwort, die aus dem Abschnitt über Ratgeber im Allgemeinen hervorgeht. Die Struktur des Buches lässt außerdem verschiedenste Möglichkeiten zu:

* Sie können es einfach in Ihr Bücherregal stellen – neben einen anderen Ratgeber aus diesem Verlag. Eine solche Serie habe ich auch, und die Reihe sieht sehr hübsch aus.
* Sie können das Buch lesen, ich habe mich bemüht, mich nicht zu kompliziert auszudrücken, also ist es auch nicht allzu schwer zu lesen.
* Sie können das Buch verschenken an eine Freundin, die es nötiger hat.

Vielleicht werden Sie jetzt ärgerlich und denken:»Was soll denn der Unsinn?« Ich meine es (fast) ernst. Natürlich werde ich im Anschluss an diesen Unsinn einige praktikable Vorschläge machen. Wie Sie mit sich und diesem Buch verfahren, ist tatsächlich Ihre Sache. Genau darum geht es ja, dass Sie sich von niemandem sagen lassen müssen, was Sie zu tun und wie Sie zu sein haben. Außerdem gibt es einen Spruch aus der *Antipädagogik*, der da lautet:»Ratschläge sind auch Schläge.«

Wie also formuliere ich die Möglichkeiten, die ich für die Arbeit mit diesem Buch sehe, ohne Ihnen Ratschläge zu erteilen? Sie können das Buch zuerst einfach lesen, Sie können es auch durchblättern und die eine oder andere Übung ausprobieren. Sie können auch Übungen aus der Rubrik *Extraübungen* in Ihr tägliches Repertoire aufnehmen und werden dabei nach einer Weile feststellen, dass Ihnen manches in Ihrem Leben schon ein bisschen leichter fällt.

Meine Vorstellung davon, wie Sie mit diesem Buch am nutzbringendsten arbeiten können, sieht so aus: Für eine systematische Arbeit bräuchten Sie ein leeres Buch, ein paper blanc, möglichst groß und besonders schön, sodass Sie einfach Lust haben, etwas hineinzuschreiben. Es sollte unliniert sein, damit nichts Sie daran hindert, »unordentlich« zu schreiben, zu malen, durchzustreichen etc. und auch größere oder kleinere Bildchen hineinzumalen. Buntstifte und ein Schreibwerkzeug, das gut in der Hand liegt, gehören ebenfalls dazu. Die Übungen werden vielleicht traurige Gefühle in Ihnen hervorrufen, wütende, manchmal auch fröhliche. Ich wünsche Ihnen, dass, je weiter sich Ihr Heft füllt, umso mehr von den letzteren auftauchen. Deshalb schlage ich Ihnen vor, am Rand Ihrer Texte einen Vermerk über Ihre Gefühle zu machen – ein kleines Symbol reicht: Herz, weinender Mund, Sonne – oder so ähnlich. Wenn am Ende nur noch oder weit überwiegend Sonnen erscheinen, haben wir etwas richtig gemacht, Sie mit dem Üben und ich mit dem Schreiben dieses Buches. Am Ende ist Ihr Übungsheft so etwas wie Ihr persönlicher Roman über einen Inneren Kritiker und spiegelt die Veränderung, die Sie in den letzten Wochen / Monaten erlebt haben.

Wenn Sie regelmäßig arbeiten möchten, können Sie diese Arbeit zu einem Ritual machen und sie fest in Ihrem Tagesablauf verankern. Diese Verankerung hilft Ihnen dabei, konsequent weiterzumachen. Das könnte beispielsweise so aussehen: Jeden Abend vor der Tagesschau oder vor dem Zubettgehen nehmen Sie sich eine bestimmte Zeit (10–30 Minuten), setzen sich mit Ihrem Lieblingstee, diesem Buch und Ihrem schönen Schreibheft an immer denselben Platz. Wenn Ihr Innerer Kritiker sehr dominant und hartnäckig ist, macht eine chronologische Arbeit am Buch Sinn und Sie machen eine Übung nach der anderen. (Sie dürfen natürlich auch eine auslassen oder ihre Lieblingsübung öfter machen.)

Also: Ganz konsequente Menschen – und auch solche, die es schnell hinter sich bringen, sich schnell besser fühlen wollen – machen es so: Sie nehmen sich ihre tägliche Auszeit und arbeiten das Buch Schritt für Schritt bis zum Ende durch. Es ist nämlich, auch wenn es manchmal nicht den Eindruck macht, alles aufeinander aufgebaut. Sie sollten allerdings nicht mehr als 45 Minuten arbeiten und nicht mehr als zwei Übungen am Tag machen. Dann braucht das Gehirn eine Verarbeitungszeit und unsere Seele (oder Psyche) eine Zeit, das Neue zu integrieren.

Für die Extraübungen braucht es nicht so eine Konsequenz, die wenden Sie nach Bedarf an. Hier ist es hilfreich, sich zwei oder drei auszusuchen und diese öfter zu wiederholen. Dann werden Sie bald eine Lieblingsübung haben und sie in misslichen Situationen erfolgreich anwenden können. Um einen eher milden Inneren Kritiker zu beruhigen, reicht vielleicht die Arbeit mit den Extraübungen. Diese können Sie jederzeit machen oder weglassen, Sie können sie so oft machen, wie Sie Lust haben und/oder wie es Ihnen guttut. Diese Übungen sind – wie Meditationen – auch hilfreich bei der Arbeit an allen möglichen anderen Aufgaben Ihres Lebens, zum Beispiel bei der Bewältigung von Ängsten oder dem Umgang mit Schmerzen.

Für Menschen, die diese Übungen nicht schriftlich machen wollen, empfiehlt sich an dieser Stelle, mit »getrennten Stühlen« zu arbeiten. Auf jedem Stuhl sitzt einer der Beteiligten, die gerade in der Übung vorkommen. Am besten ist es, etwas auf den Stuhl zu legen, was den jeweiligen Teil symbolisiert, z. B. für den Inneren Kritiker ein Gesetzbuch, für das Innere Kind (je nach Alter) ein Kuscheltier, einen Fußball, ein Schulbuch etc., für den Ungeschickten Verteidiger ein Zuckertütchen, für das Gute Objekt einen Zauberstab, eine Blume oder Ähnliches. Ein Stuhl bleibt frei, darauf sitzen Sie, die reale Person, die Sie gerade sind. (Ein kleines Ergebnisprotokoll im Übungsbuch wäre sinnvoll, weil man neue Erkenntnisse schnell wieder vergisst.)

Nun wünsche ich Ihnen viel Erfolg bei der Arbeit und der Aussöhnung mit dem Inneren Kritiker!

A Verschiedene Seelen wohnen in meiner Brust

I. Kennenlernen der inneren Instanzen

Ständig sind wir erfüllt von einem »inneren Dialog«. Wir sprechen mit uns selbst, unserem Chef, mit Freunden, unseren Lehrern und Eltern. Wenn wir genau hinhören, gibt es dabei drei Instanzen, Parteien oder Beteiligte. Diese drei Parteien sind: der Innere Kritiker, der Hilflose Verteidiger und das Gute Objekt – das später einen präziseren Namen bekommen wird. Wir werden feststellen, dass dies alles Anteile unserer Person (das, was wir ICH nennen) sind und dass sie in Korrespondenz stehen mit anderen wirksamen Persönlichkeitsanteilen, den *Inneren Kindern*. Den Begriff des Inneren Kindes kennen wir aus den Büchern von Erika J. Choping. Sie bezeichnet damit Gefühlswelten, die sich aus dem Erleben des Erwachsenen nicht allein erklären lassen. (Ein bisschen Theorie hierzu können Sie im Kapitel über die *Ego-State-Theorie* lesen).

Hier erfahren Sie zuerst etwas über die oben beschriebenen Instanzen und können für sich die erste Zuordnung machen: »Wessen Stimme ist in mir besonders laut?« Dieser Anteil ist wichtig für Ihr Selbstbild, und er mischt sich am heftigsten in Ihre Entscheidungen ein.

1. Der Innere Kritiker

Man kann ihn auch Richter, Zensor, Verfolger, Ankläger nennen, vielleicht auch – je nachdem, wie stark er ist – den Meckerer oder den Unzufriedenen. Am besten, Sie erfinden einen eigenen Namen. Ich nenne ihn in diesem Buch durchgehend den Inneren Kritiker. Er sagt: *Das kannst du sowieso nicht. Was hast du denn schon wieder gemacht? Du machst immer alles falsch. Kannst du nicht nachdenken? Denk bloß nicht, du wärst wichtig!*

Die Stimme des Inneren Kritikers kann noch lauter werden, er benutzt harte, verallgemeinernde Worte wie: *immer, alles, nie, zu dick, dumm, hässlich. Du machst immer alles falsch. Nie wird dich jemand lieben. Alles ist hässlich an dir.*

Du bist zu dumm zum …

Vor allem liebt er es nicht, wenn wir voller Freude und Selbstvertrauen sind, er schlägt uns die Freude aus der Hand, indem er etwas schwarzmalt, sich über uns lustig macht oder uns beschämt: *Freu dich nicht zu früh. Was bildest du dir ein?*

Hochmut kommt vor dem Fall. Eigenlob stinkt. Vögel, die morgens singen, holt abends die Katz'.

Er kann sogar vernichtend sein: *Wieso bist du eigentlich auf der Welt? Aus dir wird nie etwas! Du bist das Brot nicht wert, das du isst.* In diesen schlimmen Fällen brauchen wir viel Zeit, Geduld mit uns selbst und oft auch Unterstützung, z. B. im Rahmen einer Psychotherapie oder eines Aufenthaltes in einer Therapie-Klinik. Der Innere Kritiker untersagt es uns oft, Hilfe zu holen, vielleicht, weil er um seine Daseinsberechtigung fürchtet. Das klingt dann so: *Du bist doch nicht verrückt!* Nein, man ist nicht verrückt, wenn man sich Hilfe holt, um mit seinen Problemen besser umgehen zu können. Dieses Buch kann dabei eine gute Unterstützung sein.

Wir fragen uns, wie diese Stimme in uns hineinkommt. Woher kennen wir solche Sätze? Wir kennen sie von Vater, Mutter, Großeltern, Lehrern, älteren Geschwistern oder anderen *großen Leuten.* Als wir klein waren, haben wir oft Sätze gehört, die uns kritisierten, herabwürdigten, demütigten. Manchmal waren diese Sätze sehr direkt, die Mutter sagte dann vielleicht, sie müsse mit uns *schimpfen.* Je gestresster und unglücklicher die Menschen waren, die sich (eigentlich liebevoll!) um uns kümmern sollten, als wir klein waren, umso mehr böse Bemerkungen bekamen wir zu hören. Die Bezugspersonen um das Kind herum *schimpfen* meist nicht ununterbrochen. Manche machen nur kleine Bemerkungen, die größere Entwertungen beinhalten wie: »Pass doch besser auf (du bist einfach ungeschickt).« Oder: »Nicht schon wieder (du bist zu dumm, das zu verstehen, das jemals richtig zu machen).«

Der amerikanische Familientherapeut John Bradshaw hat in seinem Buch »Wenn Scham krank macht« eine Berechnung angestellt, wie viele Stunden seines Lebens entwertende Bemerkungen auf ein Kind einprasseln. Ich habe die Zahl vergessen, aber rechnen wir nach – und zwar im Rahmen ganz *normaler,* bürgerlicher Verhältnisse: Wenn ein Kind nur sieben bis zehn Mal am Tag gesagt bekommt, was es falsch macht oder anders machen sollte, wie es nicht sein soll, so sind das in seinem Leben (bis zum Abitur) 766,5 bis 1095 Stunden, in denen es entwertet, gedemütigt, in seiner Würde angetastet wird.

Die Scham ist eine starke Verbündete des Inneren Kritikers; wenn nicht die stärkste. Wir schämen uns, wenn wir etwas falsch gemacht *haben.* Diesen (angeblichen) Fehler verbinden wir mit dem Gefühl, falsch zu *sein.* Scham stellt uns also deutlich mehr infrage als Schuldgefühle oder schlechtes Gewissen.

Sich schämen heißt also nicht, verlegen sein, etwas falsch gemacht haben, sondern falsch sein. Hier ist besonders die Relativierungsübung wichtig: Ich bin nicht schlecht, falsch, böse, nur weil ich Fehler mache.

Meine Mutter hat deutlich mehr als 7 bis 10 Minuten am Tag geschimpft, es müssen zwei bis drei Stunden gewesen sein. Erst jetzt, viele Jahre später, kann ich sehen, dass sie dabei durchaus kreativ gewesen ist. Zum Beispiel sagte sie, wenn ich stolz darauf war, etwas geschafft zu haben: »Hier staubt's. In Dortmund wird Asche gefahren.«

Manchmal sagte sie auch: »Du weißt es vielleicht noch nicht, aber du bist«, sie zeigte einige Zentimeter zwischen Daumen und Zeigefinger, »so klein mit Hut.« In diesem Fall war ich eher verwundert als gekränkt – ich war sieben Jahre alt und hatte noch nie einen Hut getragen. Bei Schimpfwörtern war sie sehr kreativ, ich nenne hier nur einige der harmlosen: alte Krücke, krummer Hund, Rabenaas und Satansbraten. Zu ihrer Verteidigung ist zu sagen, dass sie ihre Schimpftiraden gerecht auf ihre drei Kinder und den Ehemann aufteilte.

Anmerkung: *Zu den letzten Sätzen gleich ein wichtiger Hinweis: Sie klingen so lapidar, und mein Innerer Kritiker sagt:* Du spielst herab, wie schlimm das damals für dich war. *Er hat nur halb recht. Es war schlimm, ich weiß es und werde es nie vergessen. Aber es sind viele Jahre vergangen seither, meine Mutter ist längst tot, und ihre Sätze tun nicht mehr weh. – Das Drama ist also vorbei. Und ich darf meinen Humor benutzen, wenn ich über meine bissige Mutter rede. Sie wird sicher in diesem Buch noch manchmal eine Rolle spielen. Das kommt daher, weil sie so kritisch war, dass sie mit dieser destruktiven Kraft sicher zehn Innere Kritiker hätte stärken können. Ich habe inzwischen verstanden, dass sie aufgrund ihrer Lebens- und Zeitgeschichte (geboren 1930) als Erwachsene nicht mehr fähig war, liebevoll und geduldig zu sein, jedenfalls nicht mit ihren Kindern und nicht mit ihrem Ehemann. Später, mit ihren Enkelkindern, gelang es ihr besser, sie war eine gute Oma, und dafür bin ich ihr dankbar.*

Selbst Blicke und kleine Gesten können ausreichen, um einem Kind seine Fehlerhaftigkeit deutlich zu machen, es versteht die Botschaft und bildet sich eine Meinung über sich selbst: »Ich bin klein und bedeutungslos. Ich schaffe es nicht, meine Eltern glücklich zu machen. Wenn sie so unzufrieden mit mir sind, muss ich ja ein schlechtes, böses Kind sein!«

Thomas Bernhard hat das in seinem Buch *Ein Kind* herzerweichend dargestellt:

»Ich liebte meine Mutter, aber ich war ihr kein lieber Sohn, nichts war einfach mit mir, alles Komplizierte meinerseits überstieg ihre Kräfte. Ich war grausam, ich war niederträchtig, ich war, das war das Schlimmste, gefinkelt. Der Gedanke an mich erfüllte mich mit Abscheu. [...] Du bist, was sie dich nennen, *das scheußlichste aller Kinder.*« (Bernhard, Thomas: Ein Kind, dtv München, 2011, 3. Auflage 2014, S. 14 f.)

Gefinkelt ist ein österreichischer Ausdruck, er bedeutet durchtrieben, gerissen, verschlagen. Wenn das Kind so weit ist, die Meinung der lieblosen anderen übernommen zu haben, hat es ihn, den Inneren

Kritiker, verinnerlicht. Von nun an braucht ihm niemand mehr zu sagen, dass und warum es *schlecht und nicht liebenswert* ist. Es sagt sich nun all diese hässlichen, destruktiven Sätze selbst. Das hat für ein Kind durchaus Vorteile: So vermeidet es, Dinge zu tun, die den Erwachsenen missfallen, und erspart sich viel weitere Kritik oder sogar Strafen. Leider wird es oftmals nicht wieder damit aufhören, sich selbst zu kritisieren – und sich damit in seinem inneren Wachstum sehr einschränken. Auch dann nicht, wenn es selbst *groß* ist und sich nicht mehr vor seinen Eltern schützen muss. Ja, die meisten Erwachsenen sind der Meinung, dass *Selbstkritik* gut und nützlich ist, und sie erkennen nicht mehr das Kind, das unter diesen Äußerungen gelitten hat, noch diejenigen, die ihnen dies angetan haben.

Dieser Mensch läuft dann also mit einem Inneren Kritiker durch die Welt, den er manchmal fürchtet, manchmal gibt er ihm recht, und manchmal erkrankt er an ihm – an der andauernden Kränkung durch eine so (selbst-)entwertende innere Stimme.

In gewissem Maße ist es wichtig und notwendig, diese Stimme zu haben, z. B. im Sinne von Gewissen oder Unrechtsbewusstsein. Aber wie können wir diese vom negativen, destruktiven Inneren Kritiker unterscheiden?

(Darüber steht mehr im Kapitel »Das Gewissen«.)

Tricks des Inneren Kritikers
Der Innere Kritiker hat verschiedene Gesichter, und nicht bei allen Menschen ist er gleich laut. Er kann sanft sein, aber das bedeutet nicht immer, dass er es gut mit uns meint. Manchmal – wir wissen schon gar nichts mehr von seiner Existenz – springt er wie der Teufel aus der Kiste. Das tut er mit Vorliebe, wenn wir ihn gar nicht gebrauchen können (wann könnten wir das je?), wenn wir eher Ermutigung bräuchten, vor einem Vorstellungsgespräch zum Beispiel oder vor einem Fest, auf dem wir nur wenige Menschen kennen. Die Sätze, die er dann sagt, sind bekannt:
* *Meinst du nicht, du bist zu alt / zu dick für dieses Kleid?*

- *Auf diese Stelle hast du dich beworben? Ja, bist du denn größenwahnsinnig?*

Und so weiter, ihm fällt für jede Situation etwas ein.

Übung: Ich bin ein schrecklicher Mensch 1. Teil

Unterteilen Sie eine Seite Ihres Übungsbuches im Verhältnis 3:1. Nun schreiben Sie in die erste Spalte alle Sätze, die Sie je von Ihrem Kritiker gehört haben, lassen Sie sich viel Zeit dazu. Und lassen Sie am Ende Platz, im Laufe Ihrer Arbeit mit dem Inneren Kritiker werden Ihnen sicher noch viele Sätze einfallen. Und die zweite Spalte? Dazu kommen wir gleich.

Wenn ich in einer Therapie Menschen unfreundliche Sätze über sich sagen höre, frage ich oft:»Wer sagt das?« Meist antworten sie:»Ich.« Auch auf Nachfragen können sie sich selten erinnern, wo und von wem sie diese Sätze als Kind gehört haben. Manchmal sind die Erinnerungen an den Urheber *böser* Sätze einfach verdrängt, da das Kind diese Sätze akzeptiert hat. Und außerdem gilt dieses *Vergessen* auch dem eigenen Schutz: Wer möchte schon mit dem Wissen durchs Leben gehen, Eltern gehabt zu haben, die so destruktive, lieblose Sätze zu ihren eigenen Kindern sagen?

Vielleicht haben die Menschen diese Sätze auch wirklich nicht *gehört*. Manchen Kindern wurde einfach mit Blicken, Gesten oder durch Kontaktabbruch signalisiert, wie *böse* (zu meiner Zeit hieß das noch »unartig«) sie waren.

Dann suchen wir in der Therapie nach solchen nonverbalen Botschaften und ihrem Sender – meist sind solche zu entdecken. Kein Kind kommt auf die Welt mit Sätzen des Inneren Kritikers, es handelt sich immer um nachträgliche Erwerbungen. Von Geburt an sind alle Babys *vollkommen und schön*.

Anmerkung: *Es geht hier nicht darum, Eltern* schlechtzumachen, *wir wollen sie weder beschuldigen noch verteidigen. Es geht lediglich darum, Verursacher zu finden und die Zusammenhänge des Unglücks zu verstehen.*

Manchen Menschen fällt es schwer, ihre »Selbstkritik« als Ausdruck des Inneren Kritikers zu verstehen. Selbstkritik war ja in manchen politischen Systemen ein hoher Wert an sich. Und manchmal haben wir auch etwas davon, uns scheinbar schonungslos selbst zu kritisieren. Wer könnte das besser beschreiben als der kluge Wilhelm Busch (aus Kritik des Herzens):

Die Selbstkritik hat viel für sich.
Gesetzt den Fall, ich tadle mich,
So hab' ich erstens den Gewinn,
Dass ich so hübsch bescheiden bin;

Zum zweiten denken sich die Leut,
Der Mann ist lauter Redlichkeit;
Auch schnapp' ich drittens diesen Bissen
Vorweg den andern Kritiküssen;

Und viertens hoff' ich außerdem
Auf Widerspruch, der mir genehm.
So kommt es denn zuletzt heraus,
Dass ich ein ganz famoses Haus.

Es ist wichtig, den Inneren Kritiker aufzuspüren und ihn mit Personen oder *Szenen* in Verbindung zu bringen. So können wir uns leichter mit ihm auseinandersetzen. Wir verstehen, dass er nicht nur einfach ein *schlechtes Gefühl* ist und dass er eben ursprünglich *kein* Teil unseres Ichs ist. Nach *Szenarien* zu gucken, macht deshalb Sinn, weil manche Sätze sich nicht mit einer Person in Verbindung bringen lassen, sondern nur mit Situationen, zum Beispiel:»In der Schule wurde mir immer wieder gesagt, dass ich …«

Noch viel raffinierter ist der »maskierte« Innere Kritiker. Er versteckt seine Kritik an uns in unserer Kritik an anderen. Getarnt ist das als (moralische) Überlegenheit, Klugheit oder einfach als »scharfer« Verstand. Das Zauberwort, das hier alles begründet oder entschuldigt, heißt WAHRHEIT. Sie kennen diese Sätze: »Man wird doch wohl die Wahrheit sagen dürfen!« und, wenn jemand sich verletzt zeigt: »Du kannst wohl die Wahrheit nicht vertragen.« Diese beiden Sätze sind Ausdruck starker, versteckter Aggression – und die Wahrheit eine Waffe. (Dazu sage ich mehr in dem Kapitel »Es geht auch ohne Kritik«.)

Damit wissen Sie: Hier geht es nicht um etwas, was Sie *berechtigterweise* anderen vorwerfen. Und keineswegs soll Ihre Kritik an dieser Stelle anderen helfen. Natürlich haben die anderen ihre Fehler. Bei den angemerkten Sätzen geht es aber eher um Sie selbst. Sie können erkennen, dass auch hier Ihr Innerer Kritiker am Werk ist, in seiner besten Verkleidung. Psychologisch gesprochen haben wir es hier mit einer *Identifikation mit dem Aggressor* zu tun. Einfachste Erklärung: Lieber tu ich euch weh als ihr mir – und jetzt bin ich genauso (stark – gemein), wie ihr (die Urheber der *bösen Sätze*) zu mir gewesen seid.

Sie haben kurzfristig einen Gewinn davon: Sie fühlen sich stark und weniger verletzlich. Auf Dauer werden Sie wahrscheinlich verbittert und einsam sein. Nun haben Sie die wichtigsten Eigenschaften des Inneren Kritikers und seine Tricks verstanden. Diese sind:

1. Er versteckt sich und schlägt in ungeeigneten Momenten los.
2. Er tut so, als handele es sich um Ihre eigene Kritik, nennt das »Selbstkritik« oder »mangelndes Selbstbewusstsein«.
3. Er wendet sich gegen andere und wiegt Sie in dem Gefühl, *recht zu haben* und irgendwie *besser zu sein* als die anderen.

Nachdem wir nun so viel über ihn wissen, sollten wir uns auch ein Bild vom Inneren Kritiker machen.

Übung: Ich bin ein schrecklicher Mensch 4. Teil

Geben Sie dem Inneren Kritiker eine Gestalt, Sie können malen oder eine Collage erstellen, Farbe oder dicke schwarze Stifte benutzen. Malen Sie ihn auf eine Seite Ihres Übungsbuches – *nicht* auf ein größeres Blatt. Mehr Platz soll er nicht bekommen. Nehmen Sie sich Zeit – und denken Sie dabei an den Schmerz, den er Ihnen angetan hat. Zeichnen und zeigen Sie sein hässliches Gesicht. Und wenn Sie es nicht malen können, fertigen Sie eine Collage – auf jeden Fall geben Sie dem Inneren Kritiker ein äußeres Bild.

Wenn Sie bei dieser Übung Wut oder Schmerz empfinden, ist das gut. Und wenn Sie am Ende ein bisschen lachen über die seltsame Gestalt, die Sie da zu Papier gebracht haben, ist das besonders gut. Lachen nimmt den Inneren Kritiker immer ein Stück seiner Macht.

Am Ende dieses Kapitels haben Sie viel erreicht: Sie haben den

Inneren Kritiker enttarnt, haben ihm einen Platz zugewiesen, sich vielleicht sogar über ihn lustig gemacht. Das nimmt ihm seine Bedrohlichkeit – und dem ganzen Problem ein Stück von seiner Tragik. Das ist wichtig, weil die Tragik dieses Problems gleichzeitig Futter für den Inneren Kritiker ist.

Es gibt eine Spirale, bei der die Position des Inneren Kritikers immer weiter verstärkt wird: Wir machen einen Fehler – er hat recht behalten – wir schämen uns für den Fehler und beschimpfen uns möglicherweise selbst. »Warum hast du nicht aufgepasst? Du hättest wissen können, dass das schiefgeht. Du bist aber auch dumm (stellvertretend für noch schlimmere Schimpfwörter). Wie oft willst du diesen Fehler denn noch machen?« Kennen Sie solche Sätze? Woher – außer aus Ihrem eigenen Kopf? Ich kenne sie von meiner Mutter, einer harten, unglücklichen Frau, die es fertigbrachte, über winzige *Vergehen* lange Zeit zu schimpfen, mich zu beschimpfen. Hier kommen aber auch Väter, Lehrer, Großmütter, ältere Geschwister, ja sogar Freunde der Eltern und eigene Kinderfreunde infrage – schließlich *können* unsere Mütter nicht an allem schuld sein.

Wenn wir also einen Fehler gemacht haben, sollten wir uns dafür nicht zu sehr beschimpfen (lassen). Als Erwachsene geben wir unsere Fehler zu, tragen die Verantwortung und nehmen eventuelle Konsequenzen auf uns. Das kann ein bisschen was kosten an Mühe, Geld oder Zeit, hat aber in der Regel keine Tragik. Machen wir dagegen ein großes Drama aus einem Fehler, geben wir dem Inneren Kritiker recht, und er wird bei der nächsten Gelegenheit noch strenger sein, noch früher sagen: »Pass auf! Du kannst das sowieso nicht …« Wir können es nicht vermeiden, Fehler zu machen, und je verunsicherter wir sind, umso schneller entstehen kleine Malheure. Ich habe dazu mehr im Kapitel »Wenn der Innere Kritiker recht hat« geschrieben.

So stehen Sie also vor diesem Inneren Kritiker, der sich oft genug wie ein Ankläger gebärdet. Er sagt Ihnen, was Sie falsch gemacht haben, falsch machen werden und was Ihnen schlimmstenfalls dafür droht. »Wenn du dieses Kleid anziehst, werden alle über dich sagen, …«

Oft genug hält er uns davon ab, das zu tun, was uns *eigentlich* Freude machen würde, was wir eigentlich für richtig hielten, ja sogar davon, was wir *eigentlich* gut können. Er sagt, was wir tun wollen, wäre albern, wir wären zu alt dafür und ähnlichen Unsinn.

Anmerkung: *Wenn Sie mit allen Mitteln, die dieses Buch vorschlägt, Ihrem Inneren Kritiker nicht beikommen, wenn er Sie ununterbrochen entwertet und zu keiner Versöhnung bereit ist,* kann *es sein, dass es sich um ein schwereres Problem handelt, dem zum Beispiel eine Traumatisierung zugrunde liegt. Diese besonders unangenehme Gestalt nennen wir ein »Täterintrojekt«, also einen Ich-Anteil, der Ihnen immer wieder sagt, was Ihnen einstmals von außen vermittelt worden ist:* Du bist nichts wert. *In diesem Fall bräuchten Sie therapeutische Hilfe, vielleicht in einer Klinik, die auf Traumatherapie spezialisiert ist.*

Oft gibt es in uns noch eine zweite Stimme, die die des Inneren Kritikers abmildert. Ich nenne sie die Stimme des Ungeschickten Verteidigers. Hier ist er:

2. Der Ungeschickte Verteidiger

Die Stimme des Ungeschickten Verteidigers spielt in unserer inneren Veranstaltung eine große Rolle, obwohl sie selten in der Literatur erwähnt wird. In der Therapie finden wir sie fast immer. Sie ist leise, sanft, murmelnd, manchmal schwer zu verstehen. Sie mildert die Aussagen des Inneren Kritikers ab, sodass wir weiter funktionieren können. Sie ist wie die 13. Fee in dem Märchen von Dornröschen, sie hebt das Unglück nicht auf, sondern mildert oder verschleiert es nur.

Wenn der Innere Kritiker zum Beispiel sagt: *Dieses Kleid kannst du nicht anziehen, dafür bist du zu dick,* sagt der Unsichere Verteidiger: *Sandra ist noch dicker, und sie zieht immer ganz kurze Röcke an.* Wenn wir bei einem *Fehler* erwischt werden oder uns selbst erwischen, beginnt der Innere Kritiker heftig auf uns einzureden: *Du nun wieder, konntest du nicht besser aufpassen? Immer passieren dir solche Sachen!,* dann murmelt der Ungeschickte Verteidiger: *Andere machen auch Fehler, und so schlimm war es auch wieder nicht.*

Manchmal verleitet er uns auch zum *Schummeln* (strenge Menschen würden sagen zum *Lügen*). Wenn nach dem unbekannten Verursacher eines möglichen Fehlers gefragt wird, sagen wir nichts und sehen uns suchend um, auch wenn wir selbst die gesuchte Person sind. Kinder sagen gern an dieser Stelle:»Ich war's nicht.« Manchmal, wenn sie besonders viel Angst vor Strafe haben, sagen sie sogar:»Valerie war es!«

Übung: Ein schrecklicher Mensch entschuldigt sich Teil 1
Suchen Sie aus Ihrer ersten Tabelle die zehn wichtigsten Sätze heraus und ordnen Sie ihnen jeweils einen möglichen Satz des Inneren Verteidigers zu.

So klingt es in erster Linie freundlich, was wir über den Ungeschickten Verteidiger sagen können. Oft bietet er uns eine Entschuldigung an, Dinge nicht zu tun, von denen der Innere Kritiker sagt, dass wir dazu sowieso nicht in der Lage sind, zum Beispiel: *Deine Meinung interessiert niemanden, also sei lieber still – wahrscheinlich sagst du nur wieder etwas Dummes,* sagt der Innere Kritiker. Dazu antwortet dann der Ungeschickte Verteidiger leise und schüchtern: *Du kannst dich eben nicht besonders gut ausdrücken, du bist aus einer einfachen Familie, da konnte keiner gut reden. Und außerdem reden hier schon viele, da musst du nicht auch noch etwas sagen.*

Der Ungeschickte Verteidiger kann sehr verführerisch sein und sich ebenso gut tarnen wie der Kritiker. Kennen Sie den Satz:»Das sagt mir mein Gefühl«? Und kennen Sie diesen Satz besonders gut an Stellen, wo es Ihnen unbehaglich zumute ist? Dann gehen Sie vielleicht doch nicht auf das Fest, auf dem Sie so wenig Leute kennen werden, Ihr Gefühl sagt Ihnen (angeblich), dass es besser für Sie ist, zu Hause zu bleiben ... Und so hält Sie der Ungeschickte Verteidiger manches Mal davon ab, in die Welt zu gehen, sich auszuprobieren und neue Erfahrungen zu machen.

Aber worauf können wir denn hören wenn nicht auf unser *Gefühl.* Als ich eine junge Frau war, war es fast ein Dogma:»Höre auf dein Gefühl!« Leider ist unser Gefühl oft ein schlechter Ratgeber, weil sich dahinter ein Ängstliches Kind verbirgt. Ein zugespitztes Beispiel ist der Besuch bei einem Zahnarzt. Mein Gefühl sagt mir immer wieder, ich solle da nicht hingehen, da tut es weh und deshalb ist es nicht gut für mich. Woran also kann ich mich orientieren? Am Verstand? Ja, wenn Sie ein gut strukturiertes Ich haben, das nicht vom Inneren Kritiker dominiert ist, dann ist der Verstand nämlich ein Teil unserer gut funktionierenden Alltagspersönlichkeit. Was bleibt, ist der Körper. Er sendet eindeutige Signale. Das müssen nicht immer Zahnschmerzen sein, die uns dann davon überzeugen, doch zum Zahnarzt zu gehen. Es gibt auch feinere Signale. Dafür gibt es die Übung »Was ist wirklich wahr« im Extraübungsprogramm.

Aber zurück zum Ungeschickten Verteidiger. Er macht seinem Namen noch auf zwei weitere Arten alle Ehre. Er nimmt zum Beispiel gern die Position ein, dass alles, was geschieht, die **Schuld der anderen** sei. Menschen, deren Unsicherer Verteidiger so agiert, sind Ihnen sicher bekannt. Niemals haben sie mit dem, was ihnen geschieht, etwas zu tun – sie sind nicht Beteiligte ihres Lebens, sondern Opfer, Opfer anderer Menschen, des Schicksals, ja ihrer eigenen Gefühle oder sogar Opfer des Wetters. Auf keinen Fall haben sie jemals einen Fehler gemacht, und sie haben auch niemals Grund, sich zu entschuldigen. Das kann natürlich auch damit zusammenhängen, dass es einen starken Kindanteil gibt, der sehr ängstlich ist. Das kann bei Erwachsenen manchmal sogar witzig wirken. So erzähle ich gern folgende Geschichte: Ich bin mit meiner Freundin Hedi zum Essen verabredet. Das Lokal ist voll, die Stimmung gut, das Essen lecker. Wir unterhalten uns gut und müssen viel lachen. Dann sagt Hedi: »Ich geh mal eben zur Toilette.« Sie erhebt sich schwungvoll, schiebt ebenso ihren Stuhl zurück, der laut krachend zu Boden geht. Hedi sieht sich um, ich sehe sie ein wenig erröten. Dann sagt sie in die entstandene Stille hinein: »Ich war's nicht.« Und rauscht davon. Ich sehe an den Nachbartischen verschiedene Reaktionen, lächelnde Gesichter und Kopfschütteln. Und denke: »Ein klares ›tut mir leid‹ wäre auch passend gewesen …«

Bei jemandem, dem immer eine Ausrede einfällt, ist man versucht zu sagen (und tut es auch): »**Aber du hast doch …**« Und entlarvt dabei noch gleich eine andere Technik des Ungeschickten Verteidigers, die **Aber-du**-Technik. Sagt also mein Mann zu mir: »Du hast vergessen, Brot zu kaufen!« – und wir hatten es ja so vereinbart, sage ich, weil ich erwachsen bin: »Stimmt, tut mir leid.« Früher hätte ich gesagt: »Aber du vergisst wohl nie etwas!«

Mehr zu diesem Aspekt finden Sie in dem Kapitel »Woran der Innere Kritiker uns hindert«.

Übung: Ein schrecklicher Mensch entschuldigt sich Teil 2

Schreiben Sie in einer zweispaltigen Liste auf, welche Dinge (Besuche, Feste, Reisen, Fortbildungen, Frisuren, Veränderungen) Sie in der Vergangenheit gern gemacht hätten – und schreiben Sie kurz daneben, was Sie davon überzeugt hat, zu lassen, was Sie *eigentlich* gern tun wollten.

Machen Sie eine kurze Pause, in der Sie etwas ganz anderes tun, lesen Sie dann den kurzen Zwischentext und gehen Sie zum Übungsteil 3 über.

Haben Sie auf die Gefühle geachtet, die beim Schreiben dieser Liste aufgetaucht sind? War es eher Erleichterungen oder eher Bedauern darüber, etwas *nicht* getan zu haben? Was hätten Sie wirklich gern getan? Was waren Ihre Argumente, es nicht zu tun?

Manchmal kann es richtig sein, etwas nicht zu tun, auch wenn man sich schon anders entschieden hatte. Manchmal lässt man sich einfach von Ängsten, negativen Fantasien oder diffusen anderen Gefühlen abhalten – und bereut es später.

Um herauszufinden, ob man etwas besser tun oder lieber lassen soll, können Sie die Übung nutzen, die da heißt: *Blick aus der Zukunft* (S. 155).

Übung: Ein schrecklicher Mensch entschuldigt sich Teil 3

Wenden Sie sich nun wieder Ihrer Liste zu, sehen Sie sich die rechte Spalte mit Ihren Unterlassungsbegründungen an. Und fragen Sie sich: Wer könnte das gesagt haben? Entscheiden Sie: Stammt dieser Satz eher vom Inneren

Kritiker oder vom Ungeschickten Verteidiger? Machen Sie ein Dreieck beim Kritiker und einen Kreis neben den Satz, der vom Verteidiger stammen könnte.

Je mehr Sätze Sie aufgeschrieben haben, je länger Sie überlegen, umso schwerer fällt Ihnen wahrscheinlich diese Unterscheidung. Wir stellen also fest, dass die beiden Instanzen sich sehr ähnlich sehen können. Beide sind nicht besonders ermutigend oder unterstützend, beide halten uns davon ab, unser Potential wirklich auszuleben.

Während der Innere Kritiker uns dauernd und übertrieben heftig auf unsere (realen oder vermeintlichen) Fehler hinweist, versucht der Ungeschickte Verteidiger, diese zu erklären oder zu entschuldigen. Beide helfen uns also nicht, ein realistisches Selbstbild zu entwickeln und einen klaren Blick für unsere Stärken *und* Schwächen zu bekommen. So erscheint mir der Ungeschickte Verteidiger manchmal wie ein Komplize des Inneren Kritikers.

Das führt uns zur nächsten Übung:

Übung: Ein Bild vom Ungeschickten Verteidiger malen

Zeichnen Sie ein Bild vom Ungeschickten Verteidiger. Achten Sie dabei sehr auf Ihr Gefühl und geben Sie diesem eine Form, ein Gesicht, eine Gestalt. Vielleicht ist er dem Inneren Kritiker ähnlich, allerdings ist er deutlich weniger streng.

PS. Kleine Hilfestellung für alle, die sagen, sie könnten nicht zeichnen: Erstens sagt das doch bloß der Innere Kritiker. Zweitens können Sie so vorgehen: Setzen Sie in die Mitte Ihres Blattes einen kleinen Kreis, etwa so: O. Von dem geht eine kurze Linie aus – … Der Anfang ist gemacht. Ihre Fantasie und Ihre Hände machen daraus von selbst ein Bild.

3. Das Gute Objekt

Die Figur, die ich als Nächstes vorstellen will, ist wichtig, wenn sie auch im Getümmel der ersten beiden Stimmen (noch) wenig oder gar nicht zu hören ist. In wirklich schlechten Zeiten, in denen wir uns ganz einsam, depressiv, wertlos fühlen, vergessen wir sogar, dass es diesen Anteil in uns gibt. Aber es gibt ihn, da bin ich sicher, sonst hätten Sie Ihr Leben nicht bis hierher, bis zum jetzigen Zeitpunkt gemeistert.

Diese Figur zu beschreiben, fällt mir besonders schwer, da es wichtig ist, dass jede Leserin und jeder Leser seine eigene Figur findet. Ich möchte Ihr Bild von Ihrem – psychologisch gesprochen – Inneren Guten Objekt nicht beeinflussen. Sie können diesen Beteiligten des inneren Kampfgeschehens einfach das Gute Objekt nennen. Ich nenne es in diesem Buch manchmal Buddha. Die Erklärung dafür haben Sie ja vielleicht in der Einleitung gelesen – und es gibt auch einen kleinen Exkurs dazu.

Gute Objekte lernen wir kennen, wenn es hilfreiche Personen gibt, die uns bewusst oder unbewusst in unserer Kindheit unterstützt, beigestanden oder mit kleinen Gesten oder Blicken Verständnis signalisiert haben. Sie haben uns gezeigt: Wenn wir etwas als ungerecht wahrnehmen, ist es vielleicht auch ungerecht und nicht nur eine gerechte Strafe, weil wir ungezogene Kinder sind. In *normalen Familien* geht diese Unterstützung oft vom zweiten Elternteil aus, wenn das erste Elternteil einmal die Geduld verliert. Diese Art von Hilfe kann aber auch von Geschwistern kommen, Verwandten, Erziehern, Nachbarn ...

Übung: Erinnerung an nette Menschen Teil 1
Zählen Sie alle Personen auf, an die Sie freundliche oder dankbare Erinnerungen haben. Schreiben Sie ganz kurz dahinter, was Sie Positives erinnern.

Bei meinem eigenen ersten Versuch, diese Liste zu führen, fielen mir – nach intensivem Nachdenken – zwanzig Menschen ein. Während ich weiterschrieb, kamen schnell noch einige dazu – und nette kleine Erlebnisse, die für mich als Kind sehr wichtig waren. Hier ein Beispiel:
Seit ich etwa sieben Jahre alt war, erledigte ich regelmäßig den Einkauf für unsere Familie. Der Laden, zuerst ein typischer »Tante-Emma-Laden«, mauserte sich mit der Zeit zu einem kleinen Selbstbedienungs-

laden. So sah ich plötzlich frei zugängliche Süßigkeiten – und ehe ich mich versah, war eine Tüte Gummibärchen unter meinem Pullover gelandet. Da erklang die Stimme eines anderen Kindes: »Das Mädchen da hat gerade Bonbons geklaut.« Ich weiß nicht, was ich in diesem Augenblick gefühlt habe – ich glaube, mein Kopf war einfach ganz leer. Da hörte ich die Stimme der Verkäuferin, die gerade für mich ¼ Pfund Servelatwurst abwog: »Das ist Angelika, die tut so was nicht.« Ich weiß den Namen der Verkäuferin nicht mehr, aber ich bin ihr heute noch dankbar. – Die erbeuteten Gummibärchen habe ich – wahrscheinlich genauso *unauffällig* aus der Tasche genommen und wieder bei ihren Gummibärchen-Kollegen untergebracht.

Warum ich diese Geschichte erzähle? Weil die Bildung eines stabilen Guten Inneren Objekts genauso verläuft wie die des Inneren Kritikers, nämlich über Bemerkungen über und an uns, Vorbilder, Vorschriften, Gesten und Blicke, die wir aufnehmen und uns zu eigen machen.

Im Guten Objekt versammeln sich die freundlichen, hilfreichen Aspekte. Diese sind – aufgrund der Beschaffenheit unseres Gehirns – weniger intensiv gespeichert als die »bösen«. Zur Erklärung, warum das so ist, gibt es ein kurzes Kapitel darüber, wie die Struktur unseres Gehirns es uns schwermacht, uns zu verändern (s. S. 79).

Gute äußere Objekte müssen aber nicht unbedingt reale Personen sein, es dürfen auch tote Personen (die mutige Urgroßmutter, die im Krieg …), heilige, historische Personen oder Fantasiegestalten sein. Einer meiner Patientinnen half zum Beispiel Pippi Langstrumpf sehr, besonders mit ihrem Satz: »Leben wir nicht in einem freien Land? Darf man nicht gehen, wie man möchte?«

Übung: Erinnerung an nette Menschen Teil 2

Machen Sie eine zweispaltige Tabelle und setzen Sie in die erste Spalte Namen von allen Menschen und Gestalten, die Sie als gut und hilfreich empfinden, die Sie in irgendeiner Weise, und sei es mit einer einzelnen Handlung oder Eigenschaft, beeindruckt haben. In die rechte Spalte kommt dann die Eigenschaft, die Sie bewundern.

Nun hören wir schon, wie sich der Innere Kritiker zu Wort meldet: *Siehst du, habe ich dir doch immer gesagt: So sollst du sein! Aber das schaffst du nie!* Und der Ungeschickte Verteidiger murmelt: *Er übt ja noch, vielleicht klappt es ja doch irgendwann.* Beide haben unrecht! Lassen Sie sich nicht von noch jemandem sagen, wie Sie zu sein haben, nicht einmal von mir! Es geht hier um etwas anderes, nämlich um eine hilfreiche, unterstützende Kraft, die dem Inneren Kritiker entgegengesetzt werden kann, ja, die ihn entlastet, denn eigentlich meint er es ja gut mit uns. (Hätten Sie das jetzt gedacht? – Später mehr darüber.)

Es ist manchmal nicht leicht, Buddha in uns zu entdecken. Wir können, wenn das (noch!) nicht möglich ist, ein Gutes Objekt entwerfen und dann nach innen holen. So erlebe ich manchmal, dass Patienten zu mir sagen: »In der Situation habe ich mich gefragt: Was würde Frau Rohwetter jetzt sagen?« Und dann lösen sie ihr Problem. Natürlich haben sie es ganz allein gelöst, keine Frage. Und ich bin ein bisschen stolz darauf, vorübergehend als äußeres Gutes Objekt dienen zu dürfen.

Wie findet man nun das Gute Objekt in sich selbst? Hier ist eine Übung dazu.

Anmerkung: *Besser als ein lebendes Objekt eignet sich ein historisches oder fantasiertes. Lebende Personen können sich verändern, wir könnten uns von ihnen enttäuscht fühlen, dann bricht unsere ganze schöne Hilfskonstruktion zusammen – oder bekommt zumindest Risse. Mit Buddha ist mir das bisher nicht passiert – er ist wenig flexibel ...*

Übung: Das Gute Objekt finden

Suchen Sie sich einen ruhigen Ort und machen Sie die Entspannungsübung, die Sie kennen. (Sonst gibt es hilfreiche Entspannungsübungen an einer anderen Stelle des Buches.) Stellen Sie sich vor, Sie liegen an Ihrem Lieblingsplatz in der Natur. Stellen Sie sich diesen Platz so genau wie möglich vor: Farbe, Wetter, Gerüche, Geräusche. Was sehen und fühlen Sie? Atmen Sie leicht ein und aus, ohne etwas an der Atmung zu verändern. Beobachten Sie ein paar Augenblicke Ihre Atmung, ohne irgendetwas daran

zu verändern. Dann gehen Sie mit Ihrer Aufmerksamkeit wieder in Ihre
Umgebung. Nun sehen Sie eine helle, freundliche Gestalt auf sich zukommen. Diese begrüßt Sie lächelnd, liebevoll. Sie stellen sich selbst vor und
sagen ihr, dass Sie nach ihr gesucht haben. Die Gestalt antwortet:»Ich
bin immer hier, du kannst jederzeit wiederkommen und mir Fragen stellen.
Ich bin immer für dich da und weiß fast immer eine Antwort.«

Wenn Ihnen in dieser Übung eine Gestalt begegnet ist, haben Sie Ihr
Inneres Gutes Objekt kennengelernt. In späteren Übungen können Sie
diesen Kontakt vertiefen und sich nutzbar machen. Vielleicht haben
Sie Lust, dieser *Erscheinung* einen Namen zu geben: Innerer Ratgeber,
Mutter, Freund, Begleiter oder Begleiterin, Weisheit ...

Jetzt schon sei verraten, dass diese Gestalt alle Eigenschaften hat, die
Sie beim Umgang mit dem Inneren Kritiker brauchen können. Eigenschaften, die Ihnen helfen, sich aus der Selbstunsicherheit zu befreien
und neue Wege zu gehen. Die Eigenschaften des Guten Objekts sind
Stärke (nicht Härte), liebevolle Unterstützung (ohne Vorschriften),
Konsequenz (ohne Strenge) und Freundlichkeit (ohne Herablassung)
und unendlich viel Geduld.

Glauben Sie vielleicht, das reicht nicht zum Wachsen? Man brauche
auch Kritik und jemand müsse einen auf seine Fehler aufmerksam
machen? Dann sind Sie auf den Inneren Kritiker hereingefallen. Die
Wahrheit ist: Das Leben funktioniert auch ohne Kritik!

4. Das Innere Kind – die Inneren Kinder

Zu den wichtigen Instanzen, die in den oben beschriebenen Auseinan-
dersetzungen eine Rolle spielen, gehört das Innere Kind bzw. gehören
die Inneren Kinder, denn es sind durchaus mehrere. Alles, was wir
erlebt haben, ist ja noch in uns. Wir haben die Gefühle des Erlebten
noch in uns, manchmal, ohne dass sie mit konkreten Erinnerungen
verbunden sind. Wenn wir mit diesen isolierten Gefühlen reagieren,
sprechen wir davon, dass hier das Innere Kind agiert hat. Ein Beispiel: Ich sagte einer Patientin kurz vor dem Ende einer unserer ersten

Stunden:»Unsere Zeit ist gleich um.« Sie fuhr mich an:»Sie können mich wohl nicht leiden, dass sie mich jetzt schon wegschicken.« – Ich erklärte ihr, dass eine Therapiestunde 50 Minuten dauere und nicht 60 wie eine Zeitstunde und entschuldigte mich dafür, dass ich vergessen hatte, ihr das mitzuteilen. Im Verlauf der Therapie kamen wir noch einmal auf diese wichtige Eingangsszene zu sprechen, und sie erzählte mir, dass ihre Klavierlehrerin sie immer zu früh aus der Stunde entlassen habe. Ihren Eltern sei es nicht leichtgefallen, die Klavierstunden zu bezahlen, und sie, die Tochter, habe sich dafür geschämt, früher weggeschickt zu werden und habe das so verstanden, als sei sie nicht gut genug und es nicht wert, die Zeit der Lehrerin in Anspruch zu nehmen. Ihre Reaktion darauf, dass ich die Stunde beendet habe, war also die Reaktion eines zehnjährigen Mädchens. Damals hatte sie sich nicht getraut, diese Worte auszusprechen, obwohl sie ganz angemessen gewesen wären. Hätte sie heute als Erwachsene reagieren können, hätte sie mir einfach mitteilen können, dass sie glaube, unsere Zeit sei noch längst nicht um.

Sie werden solche oder ähnliche Situationen kennen. Immer wenn unser Gefühl (Angst, Enttäuschung, Wut) als Reaktion heftiger ausfällt, als es angemessen erscheint, ist ein Inneres Kind im Spiel, eine alte Verletzung, die ungeheilt ist.

Wenn der Innere Kritiker auf dieses Kind stößt, hat er ein hilfloses Opfer gefunden, das dringend auf die Unterstützung der wichtigsten Instanz in unserem Leben angewiesen ist. Für den weiteren Verlauf dieses Buches hab ich aus allen Inneren Kindern, die bewusst, vor- oder unbewusst in uns leben, drei herausgesucht, die wir wohl alle kennen: das Ängstliche, das Wütende und das Starke Kind.

5. ICH

Ich ist keine innere Instanz, Ich ist das Ganze! Weil ICH die wichtigste Person ist, schreibe ich sie hier in drei großen Buchstaben. Wer soll das denn sein? Ganz einfach: Was antworten Sie, wenn ich frage:»Wer liest gerade dieses Buch?«

Dabei stellen wir fest, wie wichtig ein starkes ICH ist, dass es sinnvoll ist, sich darum (und das bedeutet: *sich um sich selbst*) zu kümmern. Wir haben alle gelernt, dass es ungezogen/unhöflich/egoistisch/unkultiviert etc. ist, sich so wichtig zu nehmen. Diese Erziehung ist ein (Denk-)Fehler. Das ICH ist das, was sich in der Welt behaupten muss, deshalb muss es stark sein. Mit unserem ICH begegnen wir dem Leben, erfüllen unsere Aufgaben, lösen Konflikte.

ICH ist die nach außen sichtbare Gestalt, die wirkt, ihr Leben in der Hand hat, ihren Alltag bewältigt. Sicher, alle oben beschriebenen Anteile gehören dazu. Das ICH ist ihnen übergeordnet, sozusagen der psychische Körper, der alle umschließt, wie der leibliche Körper alle Organe umschließt. ICH ist die Person, die von außen wahrgenommen werden kann, die im Gespräch »Ich« sagt. Das Ich hat wiederum eigene Instanzen, die wir im Alltag »Rollen« nennen. Das alles klingt komplizierter, als es ist, und deshalb gibt es im nächsten Kapitel ein bisschen erklärende Theorie.

6. Das Starke Kind

Hierüber ist eigentlich nicht viel zu sagen. Das Starke Kind ist das Kind, was wir meinen, wenn wir vom »Kind im Mann« sprechen. Natürlich lebt es auch in der Frau! Dieses Kind ist fröhlich, neugierig, wissbegierig, mutig, kreativ, manchmal auch laut und albern und (von einem strengen Erwachsenen aus gesehen) unvernünftig, spontan. Es ist der Anteil, der Sie ermutigt, Neues auszuprobieren, und der Sie mit Ihren Freunden und Freundinnen zusammen scherzen und kichern lässt. Zusammen mit einem starken Erwachsenen sorgt dieser Ich-Anteil dafür, dass Sie ein zufriedenes Leben mit vielen glücklichen Momenten führen.

Übung: Das Starke Kind

Dies ist eine leichte Übung, und am Ende werden Sie wahrscheinlich ein frohes, lebendiges Gefühl haben.

Schreiben Sie einfach alles auf, was Sie diesem inneren Anteil zuordnen, am besten beschränken Sie sich auf einen relativ kurzen Zeitraum, so acht bis vierzehn Tage.

Zählen Sie Ihre freudvollen Erlebnisse auf, kleine Leichtsinnigkeiten, Lachen, auch, wen sie zum Lachen gebracht haben, nette Szenen und Gespräche.

Manchmal kommt bei dieser Übung auch eine Traurigkeit auf. Ist Ihnen nichts eingefallen? Dann haben Sie vielleicht den Kontakt zu Ihrem fröhlichen Inneren Kind verloren. Das kann geschehen, wenn Sie sich gerade in einer schwierigen Situation befinden oder wenn Ihr Innerer Kritiker sehr stark ist. Sie können diesen Kontakt wiederherstellen. Beginnen Sie einfach damit, dass Sie in der Übung den Zeitraum erweitern, bis Ihnen wenigstens eine Begebenheit einfällt – die letzte Pyjama-Party, erste Geheimnisse vor der Mutter ...

Ein Ereignis reicht aus, um die Tür zum fröhlichen Kind wieder zu öffnen. Wenn Ihnen eine Erinnerung gekommen ist, genießen Sie sie und wiederholen Sie die Übung am nächsten Tag.

II. Die Ego-State-Theorie – das Ich und seine inneren Gestalten

Alle Instanzen oder Protagonisten unserer inneren Konflikte sind in dem ICH, von dem wir gerade gesprochen haben, enthalten als Ich-Anteile oder »Ego-States«. Es sind die oben beschriebenen Persönlichkeitsanteile. Es können aber noch viel mehr sein. Die meisten von Ihnen haben schon vom Inneren Kind gehört, weil das Buch »Aussöhnung mit dem inneren Kind« eine Weile sehr populär war. Auch für die Psychotherapie gab die Idee von dem Inneren Kind oder sogar den Inneren Kindern viele Anregungen, besonders für die Arbeit mit traumatisierten Menschen.

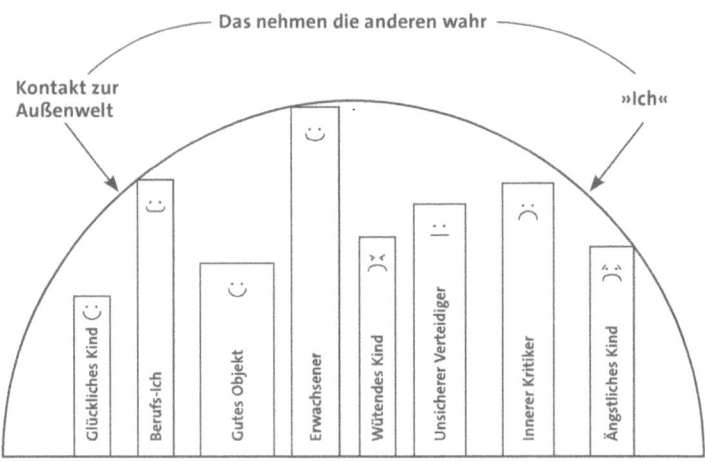

Ego-States, schlecht integriert, wenig Kontakt untereinander

Die Idee der inneren Anteile geht zurück auf die Ego-State-Therapie, die in den 1980er-Jahren von dem amerikanischen Psychologenehepaar John und Helen Watkins entwickelt wurde. Sie vereinigten verschiedene psychologische Theorien zu einer in der therapeutischen Praxis leicht anwendbaren Arbeitstechnik. Ihre Theorie beruht auf der Annahme – beziehungsweise der Beobachtung –, dass sich unter dem, was »Ich« sagt, verschiedene Persönlichkeitsanteile verbergen. Sie kennen das vielleicht, dass andere Menschen Sie anders wahrnehmen, als Sie selbst sich fühlen, zum Beispiel als selbstbewusst und energisch, wenn Sie selbst sich klein und unsicher fühlen. Das, was sich da unsicher fühlt, sind Sie also nicht als Ganzes, sonst würden ja die anderen es auch wahrnehmen. Stattdessen können Sie sich sagen: »Ein Teil von mir fühlt sich klein und ängstlich.« Diese Unterscheidung ist eine wichtige Übung, deshalb sei sie hier eingefügt:

Übung: Benennen von Persönlichkeitsanteilen

Sicher treffen Sie manchmal Urteile darüber, wie Sie **sind**, also: Ich bin eben ängstlich, schüchtern, laut und so weiter. In der Regel handelt es sich hierbei um Urteile oder Verurteilungen des Inneren Kritikers. Sie können den Konflikt sehr entschärfen – und ganz nebenbei ihr Selbstbewusstsein stärken, wenn Sie solche Aussagen verändern in:»Ein Teil von mir ist ängstlich, ...«

Spüren Sie, wie schnell Sie diese Formulierung erleichtern kann? Dabei ist das, was Sie in der neuen Form sagen, sogar viel wahrer als das, was Sie in der alten, absoluten Form ausdrücken. Wäre das wahr, so hätten Sie keine Freunde, wären lebensuntüchtig und wahrscheinlich sehr unglücklich. Denken Sie jetzt:»Aber ich bin ja unglücklich?« Falsch: Ein Teil von Ihnen fühlt sich unglücklich – und das auch nicht immer ...

Die Ich-Anteile bestehen aus Rollen, die Sie in Ihrem Leben spielen, die einen Teil Ihres erwachsenen Ichs ausmachen und oft eng miteinander verbunden sind. So fragte mich mein Sohn Florian das eine oder andere Mal:»Sprichst du jetzt als Mutter oder als Psychologin zu mir?« Ehrlicherweise musste ich antworten, das gerade auch nicht genau zu wissen.

Die anderen Ich-Anteile lassen sich eher bestimmten Gefühlen und/ oder Entwicklungsstadien zuordnen, zum Beispiel: das fröhliche achtjährige Kind, die ängstliche Dreijährige, der wütende Pubertierende ... Diese Anteile entstehen in lebensgeschichtlich prägenden Situationen. Es sind unsere nicht verheilten Wunden, die wieder aufbrechen, wenn wir in vergleichbare Lebenssituationen kommen.

Dann übernimmt vielleicht für eine bestimmte Situation der so angetriggerte Teil die Führung – und Ihre Freunde sagen:»So kennen wir dich gar nicht.«

Es gibt noch eine andere Form von Ich-Anteilen, nämlich solche, die uns gar nicht bewusst, die abgespalten sind. Sie entstehen in besonders schwierigen, schmerzhaften oder lange andauernden unglücklichen Lebenssituationen. In unserer Zeichnung sind sie ausgelassen. Sie könnten als Schatten erscheinen. Natürlich sind alle diese Prozesse unbewusst. Sie nehmen sie als Gefühle wahr.

Spannend finde ich, dass die Idee von den abgespaltenen Ich-Anteilen nicht eine Neuerrungenschaft der modernen Psychologie ist. Sie kommt in uraltem schamanistischen Denken vor. Da ist die Rede von den verlorenen Seelenanteilen, und jede schamanistische Kultur verfügt über Riten, diese Anteile zurückzuholen. Das Zurückholen macht der Schamane, er haucht dann seinem Patienten den Anteil ein. Dieser bekommt anschließend den Auftrag, sich um diesen Teil liebevoll zu kümmern, damit der auch dableibt. Hier haben wir den ersten Ansatz für die Arbeit mit den inneren Ich-Anteilen.

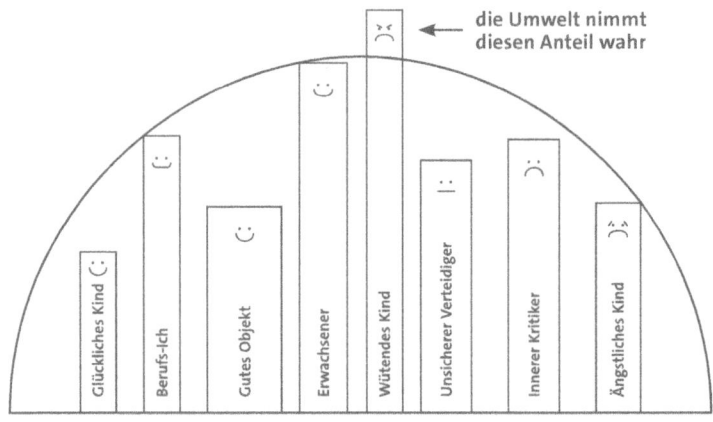

Ein Ich-Anteil übernimmt die Führung
(hier das wütende Kind), »Impulsdurchbruch«: viel Streit

Wenn uns jemand an einer empfindlichen Stelle trifft, reagieren wir manchmal so, wie es für einen erwachsenen Menschen eher unangemessen scheint. In der Therapie frage ich dann vielleicht: »Wie alt fühlen Sie sich, wenn Sie so reagieren / handeln?« Oft kommt eine sehr spontane Antwort: »Als wäre ich 13.« Ich antworte dann: »Für einen

Dreizehnjährigen ist ein spontaner, heftiger Wutausbruch als Reaktion auf diese Kränkung durchaus angebracht.« Meist folgen dann ein erleichtertes Lachen und die Einsicht: Bei einem Erwachsenen sagt man, er hätte total überreagiert. Für diesen Augenblick hatte ein Inneres Kind die Kontrolle übernommen, war also der zusammenhaltenden Ich-Decke entschlüpft. Man nennt das einen »Impuls-Durchbruch«. Dieser muss nicht immer *negativ* sein (Wut oder Angst), auch positive Gefühle können der Kontrolle durch das Ich entschlüpfen, so lachen wir manchmal zu laut, jubeln, kreischen vor Freude oder Überraschung ...

Wenn diese Durchbrüche oft geschehen, empfinden uns die anderen als launisch. Dabei reagieren nur unsere Inneren empfindlichen Kinder, und das besonders auf den allgegenwärtigen Inneren Kritiker.

In jeder Arbeit mit einem oder mehreren dieser inneren Anteile geht es nicht darum, das loszuwerden, was uns unbequem erscheint wie Ängstliche Kinder oder den Inneren Kritiker. Alle Anteile gehören ja zu uns und machen in ihrer Gesamtheit unsere Persönlichkeit aus. Es geht darum, sie zu akzeptieren, zu integrieren und sie für ein gutes Leben zu nutzen. Hier haben wir ein gut strukturiertes, gut funktionierendes Ich – und damit zufriedenes Ich in der Schemazeichnung:

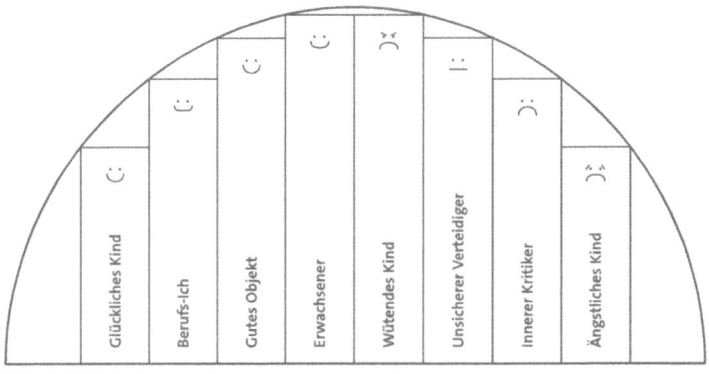

gut integrierte Ich-Anteile, wenig innere Konflikte

Zum Abschluss dieses theoretischen Teiles empfehle ich folgende Übung, die Ihnen hilft, sich selbst in dem Gesagten wiederzufinden:

Übung: Meine Ich-Anteile

Schlagen Sie nach dem obigen Muster einen Bogen aufs Papier und bringen Sie in Form von unterschiedlich breiten und hohen Säulen Ihre inneren Anteile unter. Dazu sollen auf jeden Fall diejenigen gehören, die in diesem Buch die Hauptrollen spielen, also der Innere Kritiker, der Ungeschickte Verteidiger, das Gute Objekt, die Inneren Kinder, die für Sie eine große Rolle spielen. Lassen Sie sich Zeit für Ihre Zeichnung, sie soll den gegenwärtigen Stand darstellen. Ihr Gefühl wird Ihnen schnell sagen, ob die Größe, die Sie einem Anteil geben, stimmig ist.

Im zweiten Teil der Übung schlagen Sie einen solchen Bogen noch einmal und geben den einzelnen Teilen den Raum, der so groß ist, wie sie es wünschen. Aus dem Vergleich dieser Zeichnungen ergibt sich, welche Ich-Anteile Ihrer besonderen Aufmerksamkeit bedürfen. Nach demselben Muster, mit dem wir uns in diesem Buch um den Inneren Kritiker kümmern, können Sie sich auch alle anderen Ich-Anteile vornehmen, bis sie so weit integriert sind, dass sie zu unterstützenden Anteilen werden.

Merke: Meine Schwächen sind (auch) meine Stärken.

III. Buddha und was er mit dem Inneren Kritiker zu tun hat

Buddha ist eine historische Gestalt, der (genau weiß man es nicht) zwischen dem 6. und 4. Jahrhundert vor unserer Zeitrechnung gelebt hat. Er wuchs in Nordindien als Sohn einer fürstlichen Familie auf. Von Geburt an hieß er auch nicht Buddha, sein bürgerlicher (oder besser fürstlicher) Name war Siddhartha Gautama.

Seine Geschichte ist schnell erzählt. Ausführliche Lebensbeschreibungen gibt es viele. Für mich die schönste ist immer noch »Siddhartha« von Hermann Hesse, die schon 1922 erschienen ist. Mit gleichem Titel gab es 1972 einen Film, der im kleinen Ort Deeg in Rajasthan gedreht wurde, in dem wunderbaren, verstaubten Palast dort, der ... (beinahe hätte mich meine Indien-Leidenschaft mitgerissen).

Also zurück zu Siddhartha. Er wuchs behütet auf, trotzdem konnten seine liebevollen Eltern nicht verhindern, dass er irgendwann Armut, Krankheit und Tod, also das Leid, kennenlernte. Von da an begann er darüber nachzudenken, wie das Leid zu beenden sei (deshalb ist Buddhismus auch eine Philosophie und keine Religion).

Siddhartha suchte nach dem Weg. Er wusste schon, dass die Erfüllung aller denkbaren Wünsche – das hatte er in seiner Jugend ja erlebt – nicht zum Ziel führen. (Wir versuchen es damit immer noch.) Dann übte er sich in einer extremen Askese, aber das machte auch ihn nicht wirklich glücklich – eher hart und streng. Damit wären wir beim Inneren Kritiker, der diesen Weg bevorzugen würde – er muss Siddhartha sehr gequält haben, als er sich nach seinem Luxus-Leben der allgemeinen Not bewusst wurde.

Nachdem auch die härteste Askese keine Erlösung vom Leid gebracht hatte, fand er eine Lösung ohne alle Extreme. Diese nannte er den »Mittleren Weg«. Seine ersten Erkenntnisse waren die *Vier Edlen Wahrheiten*, die ganz simpel sind:

1. Das Leiden ist allgegenwärtig.
2. Es hat Ursachen.
3. Das Leiden ist auflösbar.
4. Es gibt einen Weg, das Leiden aufzulösen.

Wir sehen hier eines von den Themen, das Buddha mit dem Inneren Kritiker verbindet: Zuerst gilt es, die Dinge, die sind, zu verstehen und anzuerkennen, dass sie sind, wie sie sind. Erst dann kann eine Veränderung stattfinden, Schritt für Schritt, und nicht über Kritik, sondern über das Handeln.

Dann erdachte Siddhartha den *Achtfachen Pfad*, auf dem wir nach der buddhistischen Lehre unser Leiden mildern können. Das war seine Erleuchtung (angeblich war er da 35 Jahre alt). Von da an wurde er Buddha genannt, der Erleuchtete.

Der Achtfache Pfad besteht aus der rechten Einsicht (Erkenntnis), dem rechten Denken, der rechten Rede, dem rechten Handeln, dem rechten Lebenserwerb, dem rechten Streben, der rechten Achtsamkeit und der rechten Sammlung (Konzentration). Eines scheint aus dem anderen zu folgen.

Vielleicht wird Ihnen nicht sofort deutlich, was die einzelnen Punkte meinen. Nach Siddhartha-Buddhas Ansicht haben wir aber alle dieses Wissen in uns (nach Kants Ansicht übrigens auch). Dieses innere Wissen nennt er unsere »Buddhanatur«, die es zu entdecken und zu leben gilt. So ist Buddhismus auch mit der Psychologie verbunden. Der erleuchtete Mensch ist dann der, der seine Probleme gut bearbeitet hat und mit sich im Reinen ist. Sich von (neurotischen) »Anhaftungen« zu lösen, macht den Menschen frei und edelmütig. Diese Anhaftungen sind: Geiz (Materialismus), Abneigung (Feindseligkeit, Kritiksucht) und Dummheit (Ignoranz).

Hier bekommen wir eine Ahnung davon, was der Innere Kritiker mit Buddha zu tun hat. Eigentlich will er das Gleiche: Der Innere Kritiker will uns vor Leid beschützen. Deshalb ist er kleinlich (er bewahrt uns vor Verlusten), sehr kritisch (er bewahrt uns vor Menschen und Situationen, die uns schaden könnten) und ignorant (er will nicht verstehen, dass wir ihn in dieser Form nicht mehr brauchen).

Buddhas Weg ist von Liebe, Verständnis, Mitgefühl, Gelassenheit, Freude und Humor geprägt. So ist er als Gutes inneres Objekt besonders geeignet.

Übung: Spüre Deine Buddhanatur

Setzen Sie sich entspannt hin, nachdem Sie sich die Eigenschaften im letzten Satz des obigen Textes noch einmal vergegenwärtigt haben: Liebe, Verständnis, Mitgefühl, Gelassenheit, Freude und Humor. Erinnern Sie sich an eine Situation, in der Sie sich genau so gefühlt haben, in der Ihr Handeln von diesen Eigenschaften bestimmt war. Vielleicht nicht zu 100 %, etwas Eigennutz darf dabei gewesen sein. Es gilt die Situation, bei der 70 % erfüllt sind.

Manchmal dauert es etwas länger, so eine Situation zu finden, auch weil der Innere Kritiker dazwischenredet. »So toll warst du auch wieder nicht ... Du hast ja ...« Aber Sie haben solche Situationen erlebt, da bin ich sicher! Sonst würden Sie dieses Buch nicht lesen.

Schließen Sie Ihre Augen, fühlen Sie, wie angenehm es ist, so zu sein. Genießen Sie Ihre Buddhanatur.

Am Ende der Übung schreiben Sie so viele Situationen dieser Art auf, wie Ihnen einfallen. Und behüten Sie das entstehende Gefühl, ein netter Mensch zu sein.

Nett steht hier für die positiven Eigenschaften, die Sie sich selbst zuschreiben.

Und was ist, wenn man / frau diese »Erleuchtung« erreicht hat – soweit das überhaupt möglich ist? Nichts, außer, dass man sein Leben leichter und mit mehr Freude weiterlebt. »Nach der Erleuchtung Wäsche waschen und Kartoffeln schälen« nennt denn auch der amerikanische Buddhist Jack Kornfield sein Buch darüber »Wie spirituelle Erfahrung unser Leben verändert« (2010).

Erleuchtung heißt im Sinne dieses Buches: Versöhnung mit dem Inneren Kritiker, mehr Gelassenheit und Freude. Wäre das nicht ein Ziel? Dieses Leben einfach weiterzuleben – mit weniger Anstrengung, Last, Kritik – voller Zufriedenheit? Mein Ziel, Ihr Ziel und Buddhas Ziel.

IV. Was unterscheidet den Ungeschickten Verteidiger vom Guten Inneren Objekt?

Dies ist eine wichtige Frage. Oft ist der Ungeschickte Verteidiger besonders stark, wenn der Innere Kritiker stark ist, nimmt diesem einen großen Teil seiner verletzenden Wirkung. Er erklärt, verteidigt, beschwichtigt, findet auch manchmal mehr oder weniger gute Ausflüchte. Kennen Sie das von sich? Wahrscheinlich kennen Sie es eher von Menschen aus Ihrer Umgebung, von denen Sie – etwas genervt – sagen: »Der hat auch für alles eine Ausrede!« Das ist natürlich gut, denn ständig einem harten Kritiker ausgeliefert zu sein, würde das Leben unerträglich machen, wir würden krank, müde, depressiv. Die starke Präsenz des Ungeschickten Verteidigers bewirkt allerdings, dass wir den Inneren Kritiker zu wenig bemerken. Wir richten unser Leben nach ihm ein, unterwerfen uns unwissentlich und bleiben so ganz unter unseren Möglichkeiten. – Dabei spüren wir vielleicht noch ein diffuses Unbehagen. Könnte ich nicht doch? Und schon antwortet der Ungeschickte Verteidiger: *Es ist doch alles gut so, wie es ist, warum solltest du dich anstrengen?* Das Gute Objekt würde an dieser Stelle vielleicht *Warum eigentlich nicht?* sagen: *Es ist richtig, dich für Dinge anzustrengen, die du wirklich möchtest.*

So sagt zum Beispiel mein Innerer Kritiker immer wieder, ich wäre zu dick und müsse mehr für meine Gesundheit tun. Mein Ich gibt ihm recht. Der Ungeschickte Verteidiger antwortet: *Sie fährt ja mit der Bahn zur Arbeit und legt immer den Weg zur Haltestelle zu Fuß zurück, manchmal steigt sie sogar eine Station früher aus. Sport war eben noch nie ihre Sache.* Das Gute Innere Objekt sagt: *Gut, wenn du keinen Sport treiben willst, geh einfach öfter zu Fuß – und achte mehr auf das Essen!* Da geht die Diskussion natürlich weiter, weil der Innere Kritiker verlangt, ich solle ganz auf Weißmehl und Süßigkeiten verzichten. Am Ende entscheide ich:»Mehr zu Fuß gehen, besonders an den Wochenenden und im Urlaub, ist in Ordnung.« Außerdem bin ich in diesem Zusammenhang Vegetarierin geworden, mit kleinen Ausnahmen: Manchmal leiste ich mir eine Pizza Napoli (mit Sardellen) – und ab und zu ein ganz knuspriges Baguette mit Schinken auf dem Bahnhof. Käse esse ich auch deutlich weniger als früher. (Viel abgenommen habe ich aber noch nicht.)

Um sich dieser Unterscheidung zwischen den Instanzen völlig bewusst zu machen, schlage ich Ihnen folgende Übung vor:

Übung: Kennenlernen vor der ersten Konferenz

Nun folgt noch eine Besonderheit für Ihr Übungsbuch. Wir werden öfter Übungen machen, bei denen mehrere oder alle inneren Anteile beteiligt sind. Sie notieren, was der Einzelne sagt. Nehmen Sie diese Notizen in einer anderen Farbe vor als die zu den anderen Übungen. So können Sie, wenn Sie mögen, die jeweiligen Gespräche (Konferenzen der Inneren Anteile, Ego-States oder inneren Stimmen) auch als Ganzes lesen, ohne sie suchen zu müssen. Sie werden feststellen, dass sich der Ton in den Gesprächen verändert. Das liegt daran, dass Sie vielleicht Spaß an der Sache gefunden haben und Ihnen diese Art zu denken zunehmend leichter fällt. Es liegt mit Sicherheit auch daran, dass sich etwas verändert hat, dass der Ton nicht mehr so hart und kränkend ist, die Urteile sanfter geworden sind.

Nun also zur Übung

Denken Sie an ein Thema, das Sie schon lange beschäftigt. Nehmen Sie eines, das Ihnen eher leicht erscheint, das wenig mit Schmerzen verknüpft ist. Zum Beispiel so wichtige Fragen wie: Soll ich mir die rote Bluse kaufen? Oder: Will ich wirklich zu Petras Party gehen?

Holen Sie die an der Fragestellung Beteiligten zusammen. Geben Sie den Beteiligten eindeutige Zuordnungen:»Du bist der Innere Kritiker.« (Sie werden feststellen, dass wir in der Konferenz die Inneren Kinder noch außer Acht lassen.)

Dann schreiben Sie einfach auf, was die einzelnen Instanzen sagen. Achten Sie darauf, dass die Positionen klar abgegrenzt sind, auch wenn zwei der Beteiligten dasselbe (zum Beispiel bei der Blusenfrage) sagen. Gutes Objekt und Ungeschickter Verteidiger:»Du hast so viele Blusen.« Beide haben nämlich unterschiedliche Motive! Wenn Sie nicht sicher sind, ob wirklich das, was gesagt wird, zur benannten Instanz passt, machen Sie die *Wahrheitsübung*. Und lassen Sie am Ende diese Übung das Ich zu einer Entscheidung kommen. Am Anfing mag es hilfreich (weil verstärkend, das Ich ernst nehmend) sein, wenn Sie diese Entscheidung ganz formal verkünden: »Danke, ich habe eure Stellungnahmen vernommen, nun entscheide ich, die rote Bluse zu kaufen und damit auf Petras Party zu gehen ...« Nehmen

Sie am besten Ihre eigene Entscheidung ganz ernst und gehen Sie sofort los. Vielleicht stehen Sie dann vor dieser Bluse und sie hat ihren Reiz verloren? Sie dürfen Entscheidungen auch ändern!

V. Was unterscheidet den Inneren Kritiker vom Gewissen?

Bei folgender Geschichte ging es mir lange so, dass ich nicht entscheiden konnte: Redet hier mein Innerer Kritiker oder wirklich mein Gewissen?

Lange hatte ich mich geplagt wegen einer unbezahlten oder nicht zu Ende bezahlten Geldschuld. Dass mir dieses Geld für eine Therapie geliehen, besser gesagt, gestundet worden war, war Jahrzehnte her (genau gesagt 37 Jahre). Ich weiß nicht, ob der Innere Kritiker so lange durchgehalten hätte, also musste es wohl mein Gewissen sein, das mir –nicht ununterbrochen, aber durch die lange Zeit immer mal wieder – einen kleinen Dorn in die Haut piekste. Oder doch nicht? Die Schwierigkeit lag darin, dass der Ungeschickte Verteidiger immer mitreden wollte. Er sagte verschiedene Sachen, um mich zu beschwichtigen. Das war nett gemeint, und deshalb war er wiederum mit dem Guten Objekt zu verwechseln, zum Beispiel:»Nach so vielen Jahren ist das längst verjährt.« Oder:»Daran kann sich jetzt sowieso niemand mehr erinnern.« Trotzdem blieb ein kleiner Dorn, der ab und an stach.

Dann beschloss ich endlich, die Sache zu bereinigen. Im Internet fand ich die Adresse des damaligen Therapeuten. Also schrieb ich ihm:

»Lieber Theo,
ich weiß gar nicht, ob Du Dich an mich erinnerst. Eher wohl nicht. Ich bin vor ungefähr 40 Jahren bei Dir und Toni mit meinem Mann in Züntersbach gewesen. Dann habe ich auch noch eine Reihe von Seminaren allein gemacht. Die habe ich in sehr guter Erinnerung. Sie waren der notwendige Anfang einer langen Therapiearbeit. Heute bin

ich seit vielen Jahren schon selbst Psychologin und Psychotherapeutin in einer eigenen Praxis. Einmal hatte ich einen Patienten, der auch bei euch war. Da ist es mir wieder eingefallen: Habe ich damals meine Therapie bei euch eigentlich vollständig bezahlt? Ihr hattet mir Ratenzahlung gewährt, aber dann konnte ich auch diese kleine Summe nicht mehr aufbringen, und ich habe die Zahlung eingestellt, ohne euch eine Mitteilung zu machen. Es kann sein, dass ich euch einige hundert D-Mark schuldig geblieben bin. Wahrscheinlich hast Du keine Unterlagen mehr darüber. Ich schreibe einfach, um zu sagen: Ich bin Dir noch etwas schuldig und es tut mir leid.
Ich grüße Dich ganz herzlich aus Bremen!
Angelika Rohwetter«

Nur wenige Minuten später kam die Antwort (das sind Augenblicke, in denen ich die moderne Kommunikationstechnik liebe!):

»Ich erinnere mich gut an dich, Angelika. Die Teilnehmer aus den ›ersten Stunden‹ vergesse ich nie. Geld war nie meine Stärke. Also: Ich erinnere mich nicht. Ich freue mich für dich, dass du deinen Weg gefunden hast. Ich arbeite jetzt in Holland ›Schoenakeracademie Genemuiden – Holland braucht Individualpsychologie‹. Mir geht's gut.
Theo«

Sie können sich vorstellen, wie erleichtert und dankbar ich war. Schulden zu haben und nicht zu begleichen, macht eindeutig ein schlechtes Gewissen, auch wenn man es nicht wahrhaben will. Und was da an Gründen in unseren Köpfen ist, warum diese Schulden (welcher Art auch immer) nicht beglichen werden müssen, sind ziemlich eindeutig Argumente des Ungeschickten Verteidigers. Buddha würde nie sagen, dass sich Schulden von selbst erledigen – man muss sich immer erst entschuldigen. Nicht immer ist das so reibungslos möglich wie bei Theo, aber Sie werden sicher einen Weg finden, sich von dem alten Dorn zu befreien.

VI. Exkurs: Das Gewissen

Im Kapitel »Einführung der Instanzen« habe ich gesagt, dass es notwendig sei zu wissen, was Recht und was Unrecht ist. Und dass wir dazu auch so etwas wie eine innere Stimme haben, die wir Unrechtsbewusstsein oder Gewissen nennen. Aber wie können wir diese vom negativen, destruktiven Inneren Kritiker unterscheiden?

Diese Stimme mag so ähnlich klingen wie die des Inneren Kritikers, sie entsteht fast gleichzeitig mit ihm und ist manchmal eine (gesunde) frühe Reaktion. Ein Kind, dem Unrecht getan wird, entwickelt das oft ganz schwache Gefühl, dass da etwas nicht in Ordnung ist. Meist wird dieses Gefühl klarer und stärker, wenn es sieht, dass anderen Unrecht geschieht. Das Gefühl – und manche Kinder drücken es dann auch so aus – heißt:»Das darf man nicht!« Der Volksmund (wer immer das sein mag) hat für dieses Gefühl, das eine innere Sicherheit ist, den Reim bereit:»Was du nicht willst, das man dir tu, das füg auch keinem andren zu.« Und das scheint mir eine folkloristische Übersetzung des bekannten Satzes von Kant, des sogenannten kategorischen Imperativs: »Handle nur nach derjenigen Maxime, von der du zugleich wollen kannst, dass sie ein allgemeines Gesetz werde.« Kant glaubte übrigens, dass alle Menschen dazu fähig wären.

Heute gibt es lange und komplizierte Forschungen darüber, ab wann Kinder in der Lage sind, Recht und Unrecht voneinander zu unterscheiden, ab wann sie in der Lage sind, Mitgefühl zu haben. Die Schätzungen verschiedener Wissenschaftler schwanken sehr, bis hin zum 12. Lebensjahr brauche ein Kind, um ein Gewissen zu entwickeln. Da war die Rede von den Spiegelneuronen, deren Wirkungsweisen in dem Buch *Warum ich fühle, was du fühlst* von Joachim Bauer (2006) beschrieben werden. Meine Meinung ist eher, Kinder kommen damit auf die Welt, sie wollen immer, dass es anderen Menschen gut geht, und sind voller Hilfsbereitschaft. Das wird ihnen durch verschiedene misslungene Interaktionsversuche »abtrainiert«. Sie lernen, dass die Mutter nicht gleich kommt, wenn sie lächeln, dass sie dann weniger Aufmerksamkeit bekommen und die Mutter leichter ablenkbar ist. Schreien ist wesentlich wirksamer.

Sehr beeindruckt hat mich das Babyfarbexperiment der japanischen Universität Kioto. Forscher zeigten den Babys von zehn Monaten einen Film, in dem ein gelbes Rechteck einen blauen Kreis angreift. Ein rotes Rechteck befindet sich ohne Berührung in der Nähe der beiden, es ist also *neutral*. Danach hielt man den Kindern die drei Formen als Holzklötzchen hin. Fast alle Kinder (über (80 %) entschieden sich für das Opferklötzchen. Dieses Experiment bestätigt die These. Wir werden *gut* geboren, sind aber korrumpierbar, denn Erwachsene entschieden sich nicht mehr eindeutig für das *Opfer*.

Dass dieser Prozess nicht vollkommen gelingt, wird dadurch bewiesen, dass wir noch ein *Gewissen haben,* gleich, was uns als Kinder geschehen ist. Genauso wie Kinder erkennen können, dass ihnen oder anderen Unrecht getan wird, erkennen sie nämlich auch, wenn sie selbst Unrecht tun.

Dazu ist mir ein Beispiel aus meiner frühen Kindheit in Erinnerung geblieben – eine Geschichte, die auch meine Mutter hin und wieder erzählte, um jemandem zu beweisen, dass ich ein ehrliches Kind sei. (Die Wahrheit ist, dass ich ziemlich viel *gelogen* habe, teils aus Angst, teils aus überbordender Fantasie. Leider bin ich auch oft – mit schmerzhaftem Ergebnis – *erwischt* worden.)

Hier die Geschichte: Ich, fünf Jahre alt, spielte auf der Wiese, die zu unserem Mehrfamilienhaus gehörte, mit Wilfried, einem Nachbarjungen, der ein paar Jahre älter war. Wie es dazu kam, weiß ich nicht mehr, jedenfalls stand er plötzlich in einem Abstand von wenigen Metern mir gegenüber und sagte:»Wetten, dass ich dir diesen Stein direkt auf die Nase werfen kann?«Ich habe nicht geglaubt, dass er tatsächlich einen Stein nach mir werfen würde, deshalb sagte ich:»Das tust du ja doch nicht.«Er warf, und der Stein sauste dicht an meinem Kopf vorbei. Ich war zuerst erschrocken, dann wütend. Sehr wütend! Er hatte es wirklich getan! Ohne nachzudenken lief ich in die erste Etage, klingelte an der Tür seiner Eltern und sagte zitternd und atemlos:»Der

Wilfried hat einen Stein nach mir geworfen.« Sein Vater eilte schneller als ich die Treppe herunter, rief seinen Sohn herbei und schickte ihn nach oben. Da sah ich erst, dass er einen dünnen Stock in der Hand hielt. Damit schlug er seinen Sohn auf den Po und die Beine, während der die Treppe hinauflief. Wieder war ich erschrocken. Das hatte ich nicht gewollt. Und ebenso wie ich Wilfried ohne zu überlegen verpetzt hatte, rief ich jetzt spontan hinter seinem Vater her: »Er hat mich gar nicht getroffen.« – Leider half meine Intervention wenig, der Vater antwortete: »Er soll überhaupt nicht werfen!« Dann schlug die Tür zu.

Ich glaube, dass mein Satz, Wilfried habe nicht getroffen, ein spontaner Ausbruch meines *schlechten Gewissens* war. Es tat mir wirklich leid. Danach habe ich nicht mehr spontan gepetzt. Trotzdem benötigte ich damals das Gute Innere Objekt, das mir sagte, ich hätte ja nicht wissen können, dass Wilfrieds Vater so böse reagieren würde.

Das *Gewissen* ist eine missbrauchbare Instanz, wie wir aus religiösen und anderen ideologischen Zusammenhängen wissen. Wenn wir *gut* handeln nicht aus einem inneren Gefühl heraus, sondern weil es einen allsehenden, kontrollierenden und strafenden Gott gibt, haben wir zwar irgendetwas vermieden, aber für Gut und Nichtsogut keine eigene Beurteilungs-Instanz entwickelt. Diese Art von diffusem Gewissen stimmt in großen Teilen mit dem Inneren Kritiker überein – und das ist einer der Gründe, warum wir ihm so schnell recht geben, wir können ihn von unserem authentischen Gefühl für Recht und Unrecht nicht unterscheiden.

Viel gäbe es noch zum Gewissen zu sagen, zum Beispiel wie Freud es erklärt, indem er es dem Über-Ich zuordnet und dessen Entstehung beschreibt. Oder wie es die Kulturwissenschaftler erklären.

Aber ich denke, Sie wissen, was ich meine. Ein Gewissen zu haben ist also in Ordnung. Es sollte bewusst genutzt werden und nicht mit dem Inneren Kritiker zusammen entmachtet werden. Das Gewissen gibt unseren grenzenlosen Wünschen und negativen Impulsen einen Rahmen und macht sie »sozialverträglich«.

Anmerkung: *Ich spreche in diesem Exkurs von Menschen, die als Kinder bei aller Kritik und Demütigung auch Liebe, Stolz oder Respekt von ihren Eltern erfahren haben, nicht von komplex traumatisierten Kindern. Diese hatten nicht die Chance, ein Gewissen zu entwickeln, und haben oft das Gegenteil getan: darauf gewartet, dass sie groß und stark sind, um zurückschlagen zu können, so wie sie es selbst erlebt haben.*

VII. Wer dem Inneren Kritiker zuhört

In diesem Kapitel frage ich danach, wer denn zuhört, wenn der Innere Kritiker spricht, und was ihn so »gefährlich« oder destruktiv macht. Im Idealfall hört nämlich der innere Erwachsene zu, und der kann mit dieser Kritik umgehen, ob sie berechtigt ist oder nicht. Hier ist der Erwachsene manchmal identisch mit dem Guten Objekt, und das ist richtig so! Wir haben es dann mit einer souveränen, integren Persönlichkeit zu tun, die wir alle sind – wenn wir sie aus der Herrschaft des Inneren Kritikers *und* der Inneren Kinder befreit haben.

Bevor es mit der Theorie weitergeht, zum Thema »souveräne ... Persönlichkeit« eine Übung:

Übung: Entdecken Sie mehr von Ihrer erwachsenen Seite

Machen Sie eine Tabelle mit einer schmalen linken und einer breiten rechten Spalte.

In die linke Spalte schreiben Sie alle Eigenschaften, die Sie an irgendwelchen (realen, wenn auch nicht unbedingt zeitgenössischen) Menschen schätzen. Es sollten mindestens zehn positive Eigenschaften sein, gern mehr.

Dann schreiben Sie in die jeweils rechte Spalte, in welcher Situation Sie diese Eigenschaft selbst bewiesen haben. Ganz egal, wie wichtig oder unwichtig Ihnen die Situation vorkommt, wie lang sie war, ob Sie einen Zeugen dafür haben. Hören Sie nicht eher damit auf, bis Ihnen zu mindestens 2/3 der Eigenschaften in der linken Spalte Beispiele aus Ihrem eigenen Leben eingefallen sind. Lassen Sie sich viel Zeit, nehmen Sie, wenn gar nichts weitergeht, die Übung »*Wie bin ich und wer hat etwas daran auszusetzen?*« zu Hilfe.

Am Ende haben Sie eine Liste eigener Heldentaten, die Sie vielleicht bisher nicht als solche registriert haben. Schließlich haben wir alle gelernt, dass *Eigenlob nicht gut riecht.*

Der dritte Teil dieser Übung ist der schwerste, es kann sein, dass der Innere Kritiker empört rebelliert. Sie schreiben jetzt unter diese Übung in einem Satz »Ich bin ...« und zählen alle Eigenschaften der linken Spalte auf, zu denen Ihnen eine eigene Szene eingefallen ist, und zwar für jede Eigenschaft einen eigenen Satz. – Nur keine falsche Bescheidenheit. Da steht dann:

»Ich bin mutig. Ich bin zuverlässig. Ich habe viel Humor. Ich bin fantasievoll. Ich bin großzügig.« Wenn es Ihnen zu schwer fällt, wenn sich ein ganz unbehagliches Gefühl einschleicht, hier ein kleiner Trick: Fügen Sie vor jeder Eigenschaften ein (auch) ein.

Lesen Sie sich diesen Text im Zusammenhang (laut) vor. Sind Sie nicht eine sympathische Person, die dem Inneren Kritiker selbstbewusst entgegentreten kann?

Warum, wenn wir doch (eigentlich) prachtvolle Menschen mit ganz normalen Ecken und Schwächen sind, wirft uns eine Kritik, komme sie von innen oder von außen, so aus der Bahn? Es kommt darauf an, welcher von unseren inneren Anteilen gerade zugehört hat. Sehen wir uns an, wie welcher der Ego-States mit den Äußerungen des Inneren Kritiker umgeht.

1. Der Innere Kritiker und das Traurige oder Ängstliche Kind

Wenn das Innere Kind zuhört, hat keiner eine Chance: Das Kind ist verletzt, sieht sich in seiner Position des Versagens und Nicht-geliebt-Seins. Der Innere Kritiker kann nicht helfen / warnen, und der Erwachsene (also ICH) kann nicht von ihm profitieren, da das Kind die Führung übernommen hat. Das Kind ist viel leichter zu erschrecken als ein Erwachsener, und oft genug wird es dem Inneren Kritiker noch da recht geben, wo er weit über das Ziel hinausgeht, sein Eingreifen unangemessen ist etc.

Fühlen wir uns also von einer inneren oder äußeren Kritik sehr verletzt, handlungsunfähig gemacht oder gar in unserer Existenzberechtigung bedroht, hilft als Erstes die Frage:»Wie alt fühle ich mich gerade?«In der Regel werden wir dann feststellen, dass das reagierende Kind gar nicht gemeint sein kann.

Ein Beispiel: Eine Studentin fühlt sich völlig überfordert bei der Idee, in einem Monat in eine mündliche Prüfung gehen zu müssen. Die Vorstellung hindert sie am Lernen – was natürlich ihre Ängste verschärft. Aber wie soll sie vor einer Gruppe kluger Professoren erfolgreich ihr (scheinbar geringes) Wissen über ein so komplexes Thema vortragen? Wir arbeiteten an der Geschichte dieses Angstgefühls und stellten fest, dass es schon sehr alt war. Bewusst erinnert sich die Patientin an ein erstes Mal, als sie vor einem Nikolaus, den die Großeltern bestellt hatten, ein Gedicht aufsagen sollte. Sie hatte dieses Gedicht lange mit ihrer Mutter geübt. Aber sie war erst vier Jahre alt, und als der große, fremde Mann bedrohlich vor ihr stand, konnte sie gerade mal die Überschrift des Gedichtes stottern. Danach fiel ihr kein Wort mehr ein. Jeder Versuch der Erwachsenen, sie zu unterstützen, scheiterte. Als schließlich der Nikolaus so weit ging, ihre Unfähigkeit in sein goldenes Buch zu schreiben, und damit drohte, im nächsten Jahr wiederzukommen, um dann aber das Gedicht vollständig zu hören, war das Drama perfekt.

Aus dieser frühen Geschichte erklärten sich viele soziale Unsicherheiten und Zweifel der Patientin. Vielleicht lässt sich mit dieser Geschichte nicht alles begründen, aber sie bot uns eine Metapher für die Psychodynamik ihrer Konflikte. Ohne dass sie ihn erkannt hätte, trat nämlich dieser Nikolaus in unterschiedlichen Gestalten immer wieder in ihrem Leben auf, sei es als (äußerer) Prüfer, sei es als Innerer Kritiker. Dass Letzterer so eine klare Gestalt hatte, erleichterte die weitere Therapiearbeit. Langsam gelang es der Patientin, sich klarzumachen, dass nicht die ängstliche Vierjährige in die Prüfung gehen muss, sondern sie, die Vierundzwanzigjährige. Für die Vierjährige sind in diesem Fall Angst und Überforderung angemessen, die Erwachsene hat alle Chancen, die Prüfung zu bestehen, wenn sie das Kind zu Hause lässt und sich entspannter ihrem Lernstoff widmet. Außerdem stellten wir noch fest, dass ihr Hauptprüfer keineswegs wie ein Nikolaus aussah, sondern ein wohlwollender, bartloser und durchaus attraktiver Mann war.

Hätten also die Worte des Inneren Kritikers die Erwachsene erreicht statt des Ängstlichen Kindes, hätte diese geantwortet:»Danke für deine Sorge! Ich weiß, dass es ein schwieriger Stoff ist, und ich werde mich intensiv vorbereiten.«

Wenn wir uns also nicht mehr von dem Inneren Kritiker und seinen Vorschriften einschüchtern lassen, wird aus der Angst ein Ja und? Und es wächst ein Gefühl für die Freiheit, die wir haben.

Übung: Wie bin ich und wer hat etwas daran auszusetzen?

Stellen Sie wieder eine dreispaltige Liste her.

In die erste Spalte schreiben Sie eine Reihe von Sätzen, die Sie mit sich selbst in Verbindung bringen, die also etwas über Sie aussagen. Sätze, die Sie gehört haben, die in Ihrem Inneren sind, die Sie selbst empfinden, die andere Ihnen nachsagen.

Hier kann es hilfreich sein, die Sätze in der dritten Person zu schreiben.

Meine eigene Liste beginnt zum Beispiel so:

Angelika hat viel Fantasie.

Angelika ist arrogant.

Angelika ist klug.

In die zweite Spalte kommt nun das (gefühlte) Alter, in dem Sie waren, als dieser Satz in Ihrem Leben auftauchte, und ob er von innen oder von außen kam. Bringen Sie eine Person, eine Situation mit diesem Satz in Verbindung? In die letzte Spalte kommt Ihre heutige, *erwachsene* Beurteilung dieses Satzes: Hat er damals gestimmt? Stimmt er heute? Ist er in irgendeiner Weise hilfreich, unterstützend?

2. Der Innere Kritiker und das Wütende Kind

Hört gerade ein wütendes Inneres Kind dem Kritiker zu, sieht die Sache anders aus. Es reagiert – mit Wut – und provoziert damit Sätze, die es noch wütender machen:»Du musst doch die Wahrheit vertragen können ... Ich wollte dir doch bloß helfen ...« Das kann ja alles stimmen, aber das Wütende Kind nimmt nur zur Kenntnis, dass jemand etwas an ihm auszusetzen hat. Es weiß ja selbst, wie unzulänglich und fehlerhaft es ist, darüber ist es ja wütend. Da muss nicht noch jemand kommen und es auf seine Schwächen hinweisen. Das Wütende Kind verteidigt sich – und das ist sein gutes Recht. Da wäre ein Erwachsener nötig, der es zur Seite nimmt und ihm sagt:»Kleiner Peter, du bist doch gar nicht gemeint, sondern ich, der erwachsene Peter. Ich kann mit der Kritik umgehen. Ich sage dem anderen einfach, er soll sich aus meinen Sachen heraushalten.«

Auch das ist nämlich erlaubt: Man darf Kritik als unerwünscht (weil unerbeten) zurückweisen. In höflicher und trotzdem bestimmter Form kann das allerdings nur ein Erwachsener.

3. Der Innere Kritiker und der Ungeschickte Verteidiger

Trifft der Innere Kritiker auf den Ungeschickten Verteidiger, haben wir einen endlosen inneren Dialog zu befürchten. Wahrscheinlich ist das das Zwiegespräch, das sie am häufigsten führen.

Beispiel: Ihre Fragestellung lautet: Soll ich mich auf die Stelle der Abteilungsleiterin bewerben, wenn die Kollegin nächstes Jahr aus der Firma ausscheidet? (Ich denke, dass Sie den Inneren Kindern schon erklärt haben, dass sie an dieser Entscheidung nicht beteiligt sind.)

Der Innere Kritiker (IK) spricht: Da erlaubst du dir aber viel. Dein Chef wird über dich lachen.

Der Unsichere Verteidiger (UV): Aber sie macht doch ihre Arbeit ganz gut.

IK: Ganz gut, du Einfaltspinsel ... Sie muss perfekt sein, und das ist sie einfach nicht.

UV: Na ja, alle machen mal Fehler.

IK: So kann man nicht an eine Teamleiterstelle herangehen. Sie ist einfach noch nicht sicher genug.

UV: Wahrscheinlich hast du recht, wir sollten auf die übernächste frei werdende Stelle warten.

Und schon haben Sie verloren. Der unsichere Verteidiger ist eine eher überflüssige innere Instanz. Er stärkt uns nicht, vermittelt uns keine Klarheit. Leider können wir ihn nicht loswerden, denn erstens gehört er – wie alle anderen – einfach zu uns, und zweitens berufen wir uns zu gern auf ihn. Manchmal nennen wir ihn »Gefühl«. »Mein Gefühl sagt mir, ich solle mit so einer Bewerbung noch warten«, bevor Sie wirklich alles Für und Wider geprüft haben. Sie haben sich einfach vom unsicheren Verteidiger den Schneid abkaufen lassen.

Haben Sie also den Eindruck, sich beim Abwägen einer Frage im Kreis zu drehen, Argumente zu wiederholen, ohne zu einer Entscheidung zu kommen, dann ist sicher der Unsichere Verteidiger am Werk. Sie brauchen für die Beantwortung Ihrer Frage eine Konferenz, die ohne ihn stattfindet. Und das Gespräch mit einer gut strukturierten (gemeint ist entscheidungsfreudigeren) Freundin kann hier sehr hilfreich sein.

4. Der Innere Kritiker und das Gute Objekt

Ich glaube, der Innere Kritiker spricht nicht gern mit dem Guten Objekt. Dieses ist ein Ich-Anteil, dem er sich manchmal beugt – beugen muss. Buddha, als das Gute Objekt, nimmt die Kritik auf, formt sie so um, dass die Sorge des Inneren Kritikers deutlich wird. Er macht sich nicht klein wie der Unsichere Verteidiger, sondern nimmt den Kritiker ernst, ohne sich von der Kritik erschüttern zu lassen. Im obigen Beispiel würde das etwa so klingen:

Innerer Kritiker: »Da erlaubst du dir aber viel. Dein Chef wird über dich lachen.«

Buddha (zum ICH): »Du hast also Angst, dass der Chef sich über dich lustig macht. Das wäre tatsächlich möglich, dieser Chef ist manchmal sehr unfreundlich. Wenn du dir nicht vorstellen kannst, das auszuhalten – oder zu verarbeiten, kannst du dich vielleicht erst später bewerben.

Ich glaube allerdings, du bist stark genug, das Risiko einzugehen, weil du weißt, dass die Bosheiten des Chefs nur Ausdruck seiner Unzufriedenheit mit sich selbst sind. Er hat offensichtlich einen starken Inneren Kritiker und keinen Buddha, der ihm beisteht.«

Innerer Kritiker:»Na gut, dann versuch es halt.«

Hier haben wir zum ersten Mal einen Eindruck davon, worum es dem Inneren Kritiker geht (mehr dazu im Kapitel *Warum er tut, was er tut*). Er will uns schützen, vor Strafe, Schmerz, Liebesentzug oder wovor auch immer. Und er hat noch nicht verstanden, dass wir keine Kinder mehr sind.

5. Der Innere Kritiker und das erwachsene Ich

Wenn der Innere Kritiker auf ein erwachsenes Ich trifft, haben wir wahrscheinlich nur noch wenige Probleme. Unser Gutes Objekt ist stark, wir nutzen Kritik als Wachstumsunterstützung – oder weisen sie zurück, wenn sie uns in irgendeiner Weise unangemessen erscheint.

Glauben Sie, dieses Ziel sei nicht zu erreichen? Ich verspreche Ihnen, es ist! Schließlich habe ich es auch (weitgehend) geschafft – und viele andere Menschen, die ich kenne.

6. Der Innere Kritiker und das Starke Kind

Das Starke Kind lässt sich vom Inneren Kritiker wenig beeindrucken. Oft hört es ihn gar nicht. Wenn es ihn doch hört, sagt es:»Ja, ich habe das gehört. Ich werde schon aufpassen, dass nichts passiert.« Das sagt es ernsthaft, nicht trotzig wie das Wütende Kind. Zwischen den beiden herrscht ein großes Maß an Vertrauen. Man kann es sich etwa so vorstellen wie das Verhältnis zwischen Großeltern und Enkelkindern, das oft viel entspannter und liebevoller ist als das zwischen Eltern und Kindern. Ich glaube, der Innere Kritiker freut sich an dem starken, fröhlichen Kind, und daran, dass es sich von ihm nicht einschüchtern lässt.

VIII. Woran der Innere Kritiker uns hindert

1. Der Innere Kritiker hindert uns daran, ein fröhlicher, selbstsicherer Mensch zu sein

Wenn ein Kind auf die Welt gekommen ist, möchte es zweierlei, nachdem die körperlichen Bedürfnisse gestillt sind und es keine Schmerzen hat: Es möchte sich in liebevollem Kontakt mit den es umgebenden Personen befinden, und es möchte die Welt erobern, lernen, Entscheidungen treffen, fröhlich, albern, spontan sein, sich weiterentwickeln, neue Wege gehen und die Welt entdecken. Den ersten Wunsch nennt man den Bindungswunsch, den zweiten den Explorationswunsch oder sogar Explorationsdrang. So sind wir alle auf die Welt gekommen, wenn nicht die Mutter sich in der Schwangerschaft über längere Zeit in schwerem Stress befunden hat. Dann nämlich wurde das Gehirn des Fetus von Stresshormonen überschwemmt – und das Kind kommt schwerer ins Leben hinein. Wussten Sie, dass unser Hirn schon ab der 20. Schwangerschaftswoche Erinnerungen speichert? Natürlich gibt es da noch keine Sprache und keine Bilder – aber Gefühle, die uns noch als Erwachsene belasten können, ohne dass wir wissen, woher sie eigentlich kommen.

Gehen wir aber von einer normalen Schwangerschaft aus, in der das Kind liebevoll erwartet wird und die Mutter manchmal mit ihm spricht, dann kommt es wie der oben beschriebene Mensch zur Welt: bereit zu leben, zu wachsen, zu lieben – und sicher, geliebt zu werden!

Und wieso bleibt das nicht so? Weil wir alle unser Schicksal haben, vor der Geburt, nach der Geburt, unser körperliches Schicksal, vielleicht ein genetisches Problem, das Teile unserer Entwicklung hemmt. Wir haben ein Umweltschicksal und ein psychisches, nämlich wie wir unsere Umwelt verarbeiten, in ihr zurechtkommen. Unsere Mütter oder Väter (oder welche wichtige Bezugspersonen auch immer) sind nicht ununterbrochen liebevoll und geduldig, das sollen sie auch gar nicht sein.

Anmerkung: *Der Kinderarzt und Psychoanalytiker Donald W. Winnicott prägte den Begriff der »ausreichend guten Mutter«. Dieses »ausreichend« ist fast in der Qualität der entsprechenden Schulzensur zu sehen. Eine perfekte Mutter nämlich verhindere, so Winnicott, dass ein Kind Frustrationstoleranz entwickle und eine Objektkonstanz. Letzteres ist die Fähigkeit zu fühlen, dass der Mensch, der uns gerade verletzt, derselbe ist, der gerade eben noch so freundlich zu uns war. Das kennen wir alle aus unseren Beziehungen. Und ebenso wenig – immer noch Winnicott – würde das Kind lernen, für seine Probleme eigene Lösungen zu finden, zum Beispiel den Daumen in den Mund zu stecken, wenn bei Hungergeschrei nicht sofort das nahrungsspendende Objekt erscheint.*

Wenn Sie Ihrer Mutter also eine Zensur geben müssten, die (durchgehend) schlechter als ein Ausreichend wäre, dann hätten Sie mit Sicherheit keine glückliche Kindheit gehabt. In allen anderen Fällen war Ihre Mutter einfach nicht perfekt, wahrscheinlich war sie nicht einmal böse, sondern etwa überbesorgt, hat Ihnen Ihre eigenen Ängste vermittelt, hat zu lange geglaubt, für bestimmte Dinge seien Sie noch zu klein. Da haben Sie dann gelernt: Ich dachte, ich könnte das schon – aber ich habe mich wohl geirrt. Ich bin noch zu … (klein, dumm, unerfahren, schwach) dafür. Das sind Sätze, die sich der heranwachsende Innere Kritiker sofort merkt – und er beginnt damit schon in unserem zweiten Lebensjahr. In diesem Alter haben wir noch keine Chance, uns gegen ihn zu verteidigen. Der noch junge Innere Kritiker verkürzt die kritischen Sätze zu einer ultimativen Aussage: DU KANNST DAS NICHT! Sind wir in diesem Gefühl groß geworden, fällt es uns schwer, als Erwachsene Dinge anzugehen, Veränderungen vorzunehmen, mutig zu sein. Wir wollen nicht heraus aus der Zone, in der wir uns sicher fühlen. Aber: Nicht heraus zu wollen aus der Komfortzone hat nichts mit Bequemlichkeit zu tun, die wir überwinden müssten, um unsere Wünsche zu erfüllen, sondern mit dem Inneren Kritiker, der in uns die Angst vor dem Versagen schürt.

Noch brenzliger wird die Lage, wenn eine Mutter sich selbst verletzt fühlt durch das, was ein Kind tut oder wie es einfach ist. Dieses Kind hört dann Sätze wie:»Wenn du so laut/albern bist/so viel lachst, bekommt die Mama Kopfschmerzen.« Oder:»Wenn du das tust, ist die Mama traurig.«Ich habe mit einer Reihe von Patientinnen (hauptsächlich findet sich dieses Problem bei Frauen) gearbeitet, die sich schuldig fühlten an einer Depression oder auch körperlichen Erkrankung ihrer Mutter. In manchen Fällen hatte die Mutter ihr Kind in einer bestimmten Weise bestraft: mit bösen Blicken oder mit Schweigen – eben mit einer Form von Kontaktabbruch. Und dies ist schließlich etwas, was das Kind um jeden Preis verhindern will, ja muss, weil es auf die Beziehung so sehr angewiesen ist. Abgesehen davon will es ja auch unbedingt vermeiden, die Mutter in irgendeiner Weise zu kränken, denn (noch) ist es voller Liebe. Wenn ein Beziehungsabbruch droht, geschieht eine psychodynamische Verkettung: Mutter will das nicht, also kann es nicht gut sein, ich soll das nicht, also lass ich es, wenn ich es doch tue, bin ich ein böses Kind – so sagt der Innere Kritiker verkürzt: DU BIST EIN BÖSES KIND, und er macht uns Angst vor dem Beziehungsverlust. Wir haben immer die Wahl zwischen Beziehungssuche und Explorationsverhalten. Nur wenn die Beziehung ganz sicher ist, kann man die Welt erobern und zum Beispiel als Erwachsene nach Indien fahren. Ist sie es nicht, bleibt man lieber zu Hause, hütet die Mutter und bleibt in engem Kontakt. Erzieher und Lehrerinnen wissen, dass bei Ausflügen mit Übernachtungen gerade diejenigen Kinder am meisten Heimweh haben, die aus einem schwierigen Elternhaus kommen und durchaus nicht sicher gebunden sind.

Wir sollten auch bedenken, dass nicht immer ein anderer Mensch Ursache dafür ist, wie sich unser Innerer Kritiker entwickelt. Wir sind einfach nicht vollkommen, allwissend und allmächtig. Als kleines Kind glauben wir das – die Psychologen nennen das»infantile Omnipotenz-Gefühle«. Bald schon stellen wir fest – ohne dass uns das jemand sagen muss: Wir können wirklich manche Dinge nicht – aus ganz unterschiedlichen Gründen, aber dass wir etwas nicht können, ist eine lebenslange Realität, mit der wir auch ein Leben lang hadern. Ein Baby glaubt, mit seinem Schreien die Mutter herbeizuzaubern –

wenn es in den ersten Lebensmonaten eine aufmerksame Mutter hat. Irgendwann stellt es fest: Sie kommt doch nicht immer, wenn ich es will. Sie hat einen eigenen Willen, und – wie schrecklich – es gibt einen Teil ihres Lebens, an dem ich nicht teilhabe und der ihr auch wichtig ist. Dieses Gefühl, es heißt vielleicht Ohnmacht oder Hilflosigkeit, aber auch Wut, speist schon früh einen noch ganz kleinen Inneren Kritiker.

Der Innere Kritiker hindert uns also daran, Entscheidungen zu treffen, plötzlich scheint alles falsch oder irgendwie gefährlich, überflüssig, unpassend. Manche Menschen quälen sich über erstaunlich lange Zeiträume mit den einfachsten Entscheidungen wie:»Soll ich eine Tageszeitung abonnieren«,»Welchen Kühlschrank soll ich kaufen« etc.

Manchmal zwingt er uns auch Entscheidungen auf, die wir gar nicht wollen. Will ich wirklich die Arbeitsstelle wechseln, weil es jetzt aus Karrieregründen passen würde? Das tut er einfach deshalb, weil er immer noch der Ansicht ist, wir wären zu klein für etwas oder würden unsere Bindungen und Beziehungen schädigen.

Was uns zum nächsten Punkt bringt:

2. Der Innere Kritiker hindert uns, gute Beziehungen zu führen

Der Innere Kritiker hindert uns oft genug daran, Beziehungen aufzubauen und / oder zu stabilisieren. Fast alle Menschen kennen das Gefühl: Wenn der andere sich nicht zuerst meldet, mag er mich nicht, bin ich ihm nicht wichtig. Auf jeden Fall bin ich gekränkt und rufe auch nicht mehr an! Und überhaupt laufe ich niemandem nach! (Wieso eigentlich nicht, wenn mir dieser Mensch doch wichtig ist?) Oder: Die neue Kollegin ist sehr nett, vielleicht kann sich mehr als eine Arbeitsbeziehung entwickeln. Ich könnte sie fragen, ob sie nach Dienstschluss mit mir einen Kaffee trinken geht. Oder doch nicht … vielleicht mag sie mich gar nicht oder findet mich aufdringlich oder … Ich warte lieber ab, sie kann mich ja auch fragen.

Wie sicher und freundlich wir auf andere Menschen zugehen können, hängt unter anderem von zwei wichtigen Phasen in unserer frühen Geschichte ab. Im Alter von sechs bis acht Monaten beginnt das Kind, sich auch für fremde Menschen zu interessieren, es guckt ihnen zu, wie sie reden, lachen, gestikulieren, und lernt die Unterschiede zwischen Fremden und ihm Vertrauten kennen. Das ist genau das Alter, in dem das Kind angeblich fremdelt, also keinen Kontakt zu anderen Menschen will. Haben Sie ein solches Kind schon einmal beobachtet? Sie werden feststellen, dass sein Blick immer wieder zwischen der Mutter und der weniger vertrauten Person hin und her schweift. Dabei beobachtet es zweierlei: Ist die Mutter zu dieser Person freundlich? Ist es ihr recht, wenn ich zu dieser Person auch freundlich bin? Das Kind holt so die Erlaubnis der Mutter ein, Kontakt zu anderen Menschen aufzunehmen. Ist die Mutter wenig im Kontakt, depressiv oder erteilt auf andere Weise diese Erlaubnis nicht, wird das Kind »fremdeln«. Manche Mutter braucht dies zu ihrer eigenen emotionalen Absicherung: Mein Kind liebt nur mich und wird mich nicht verlassen. Das alles geschieht natürlich nonverbal und ist unbewusst. Trotzdem stellen sich bei dem Kind entsprechend der beschriebenen Interaktion Gefühle ein wie: Wenn ich zu viel mit anderen glücklich bin, mag Mutter mich nicht mehr. Oder auch: Die Mutter ist unglücklich, ich muss mich um sie kümmern und darf nicht mit anderen Menschen fröhlich sein, dann wird sie noch unglücklicher. Der Innere Kritiker macht daraus: Andere Menschen sind uninteressant bis gefährlich – halte dich also von ihnen fern.

Ergebnis dieses inneren Prozesses ist oft ein Mensch voller Pflichtgefühl und dessen Kehrseite, einem starken Kontrollbedürfnis.

Ähnliche Gefühle können entstehen und den kleinen Inneren Kritiker stärken, wenn große Frustrationen passieren in der Phase, die die Kinderanalytikerin Margret Mahler Wiederannäherungsphase nennt. Die Zeit zwischen 18 und 24 Monaten ist eine komplizierte Phase, in der das Kind viele Entdeckungen macht. Es wird beweglicher, kann die Welt erobern und ist nicht mehr darauf angewiesen, seine vertraute Bezugsperson jederzeit zu sehen: Gleichzeitig lernt es Realitäten kennen, nämlich, dass es schmerzt hinzufallen und – siehe oben:

Omnipotenz-Gefühl – dass es nicht alles kann, was es tun möchte.

Obwohl Kinder in diesem Alter eine riesige Frustrationstoleranz haben, brauchen sie hin und wieder den Trost ihrer Mutter oder einer anderen vertrauten Person. Wenn dann niemand da ist, und zwar wiederholt niemand da ist, entwickelt das Kind Ängste. Es sucht dann lieber die Bindung als die Entdeckung der Welt und der anderen Menschen.

Hierher nimmt der Innere Kritiker seinen Stoff für ängstliche Zurückhaltung und Misstrauen: Wenn ich mir die Welt anschaue und danach wiederkomme, bin ich allein. Der Innere Kritiker sagt dann in den Situationen, in denen er Beziehung gefährdet sieht: Lass das!

Daraus folgen im Erwachsenenalter Verhaltensweisen oder Charaktereigenschaften wie Schüchternheit, aber auch Kontrollsucht, die Unfähigkeit, etwas ohne den Partner oder die Partnerin unternehmen zu können, Unsicherheit in fremden Gruppen und so weiter. Und für diese Situationen hat der Innere Kritiker unendlich viele Sätze.

Nach der langen Ausführung wird es dringend Zeit für eine Übung, damit Sie fühlen können, was dort oben gesagt ist.

Übung: Ich und die anderen

Beschreiben Sie sich und Ihre Gefühle im Kontakt mit anderen Menschen. Benutzen Sie dafür drei oder vier Situationen, in denen Sie regelmäßig anderen Menschen begegnen. Bevor Sie damit anfangen, beschreiben Sie, um den Unterschied besser fühlen zu können, eine Kontaktsituation, in der Sie sich als sicher, akzeptiert, redegewandt und (meist) zufrieden fühlen, in der Sie ganz Sie selbst sein können.

Nun die anderen Situationen: mit den Kollegen beim Arbeiten, auf einem Fest sein, wo ich keinen oder nur wenige Menschen kenne, bei einer Fortbildung in der Pause mit den Teilnehmern zusammenstehen ...

Schreiben Sie eine Liste der Gefühle auf, die Sie mit solchen Situationen verbinden – und zu jedem Gefühl ein oder mehrere Sätze. Da haben wir ihn wieder, den Inneren Kritiker.

Sehen Sie sich noch einmal den obigen Text an: Können Sie sich nun ein bisschen besser erklären, woher diese Sätze kommen?

Zum Abschluss der Übung schreiben Sie zu jedem Satz noch einen Gegen-Satz, einen, den Buddha sagen würde.
(Unter diesem Übungskästchen gebe ich Ihnen ein Beispiel.)

Hier mein Beispiel: Auf Festen, auf denen ich nur wenige Menschen kenne, halte ich mich meist an die, die ich kenne. Die Fremden betrachte ich häufig kritisch, außer jemand »erobert mein Herz im Sturm«. Oft wundere ich mich dabei über die Härte meiner Beurteilung. Meine Gefühle sind dann: Alleinsein, Verlegenheit. Die Gedanken sind: »So sicher wie diese Person bin ich nicht. Dabei ist es gar nicht so klug, was sie sagt.« Erklärung: Ich darf nur mitreden, wenn ich etwas Besonderes zu sagen habe (besonders klug oder besonders witzig), sonst bin ich nicht interessant und keiner hört mir zu.

Buddha sagt an dieser Stelle: »Du musst nichts sagen, schau den anderen freundlich zu, und es ist erlaubt, manchmal zu lächeln!«

Diese Haltung habe ich aus einem Buch gelernt. Sheldon B. Kopp beschreibt in seinem schon 1978 erschienenen Buch »Triffst du Buddha unterwegs«, wie es ihm beim Essen auf seinem jährlichen Treffen mit Kollegen geht. Es war ein anregender Tag mit spannenden Themen, und er freut sich, in dem Kreis zu sein. Abends setzen sich alle fröhlich plaudernd zur gemeinsamen Mahlzeit nieder. Er aber fühlt sich fremd und schüchtern unter den anderen Menschen und erkennt: »Ich bin eben schüchtern, ihr könnt es mögen oder nicht.«

Ja, so kann es auch gehen: liebevoll und akzeptierend mit sich selbst, das eigene Unvermögen nicht mehr (von inneren oder äußeren Kritikern) kritisieren lassen, sich selbst nicht mehr rügen. Man kann akzeptieren: So bin ich, das gehört auch zu mir, ich habe versucht, es zu ändern, das dauert, und vielleicht wird es so bleiben. Diese Akzeptanz wird immerhin dazu führen, dass der Stress weniger wird, der dadurch entsteht, dass ich dem Inneren Kritiker zuhöre. Die Idee, dass andere Menschen Eigenschaften an uns nicht mögen (wie Schüchternheit, lautes Lachen oder … oder …), ist eine sogenannte Projektion. Wir unterstellen den anderen, etwas nicht zu mögen, wofür uns der Innere

Kritiker kritisiert. Und manchmal gelingt es mir, dem Inneren Kritiker zum Trotz, diese Haltung einzunehmen, mich an der Gegenwart der anderen Menschen zu freuen und ihnen einfach zuzuhören. Das gelingt besonders, wenn der Buddha-Anteil sich des kritischen Anteils annimmt und ihn beruhigen kann:»Wir sind hier nicht in der Schule und müssen nicht besonders klug sein. Und wenn uns ein Witz einfällt, dürfen wir ihn erzählen, auch wenn er vielleicht albern ist.«

3. Er hindert uns daran, uns zu mögen

Dieser Satz leuchtet schnell ein: Wenn wir so viele Fehler haben, wieso sollten wir uns dann mögen, vielleicht sogar lieben? Wenn es Ihnen schwerfällt, sich selbst zu mögen, hilft vielleicht zuerst die Übung, bei der Sie bei allen entwertenden Sätzen das »Ein Teil von mir ist ...« einfügen. Es gibt keine Pflicht, sich selbst zu lieben – das wäre nur eine weitere Last, eine weitere Gelegenheit zu versagen. Aber niemals spricht etwas dagegen, sich selbst mit Respekt zu begegnen.

Für den Anfang hilft sicher diese Übung:

Übung: Ich bin ein liebenswerter Mensch

1. Machen Sie einfach eine Liste von allen Dingen, die Sie gut gemacht haben in Ihrem Leben, von richtigen Entscheidungen, passenden Geschenken, bestandenen Prüfungen bis hin zu positiven Charaktereigenschaften. Lassen Sie ein bisschen Platz, im Laufe der nächsten Stunden oder Tage wird Ihnen noch einiges einfallen.

2. Nach einigen Tagen schreiben Sie eine kleine Rede mit den Stichworten von der Liste mit den positiven Eigenschaften. Beschreiben Sie eine Ihnen entfernt bekannte Person, das mindert die Hemmungen. Vielleicht können Sie sich vorstellen, Sie hätten den Auftrag bekommen, zu einem Ehrentag dieser Person eine sehr positive Rede zu halten.

3. Lesen Sie sich die Rede laut vor. Erkennen und fühlen Sie dabei: So ist also diese Person, sehr sympathisch / liebenswert und ... ach, das bin ja ich.

4. Mutprobe! Lesen Sie die Rede einer Freundin / einem Freund vor. Fragen Sie, ob er / sie die Person erkennt, die Sie da beschreiben …

4. Der Innere Kritiker hindert uns daran, andere zu mögen

Erinnern Sie sich an mein Beispiel aus Punkt 1. dieses Kapitels? Wie ich mit strengen Augen Menschen auf einem Fest angucke? Wenn meine Gefühle dann (nur) Schüchternheit und Verlegenheit sind, ist es einfach, den Inneren Kritiker zu sehen. Manchmal sind meine Gefühle auch Ablehnung, Überlegenheit, Neid und Entwertung. Wir sehen die anderen dann durch die Augen des Inneren Kritikers und haben viel an ihnen auszusetzen, und zwar genau das, was wir an uns auch nicht mögen, was wir auch sind, aber verbergen. Oft macht uns auch wütend, dass andere sich erlauben, so zu sein oder das zu tun, was wir selbst nicht sein / tun dürfen, wofür wir uns schämen.

Übung: Mängelliste einer unmöglichen Person
(am besten desselben Geschlechtes, wie Sie es sind)
Machen Sie sie am besten, ohne die anderen Übungen vorher anzusehen.
Machen Sie eine lange Liste aller Eigenschaften einer Person, die Sie nicht mögen. Besonders wichtig sind natürlich die Eigenschaften, die Sie ganz heftig und emotional ablehnen – egal, wie wenig *objektiv* Sie dabei sind. Lassen Sie sich nicht vom Ungeschickten Verteidiger ablenken, der da plötzlich so etwas sagt wie: »Da kann er ja nichts für.« Oder: »Du weißt auch, dass du da besonders empfindlich bist!«
Listen Sie einfach alle Eigenschaften auf, so konkret wie möglich, die Sie ärgern.
Dann vergleichen Sie diese Liste mit Ihrer Liste aus der Übung: Ich bin ein schrecklicher Mensch 1. Teil. Gibt es da Überschneidungen?
Gibt Ihnen diese Ähnlichkeit eine Erklärung, warum Sie diese Person so wenig mögen? Können Sie vielleicht etwas von ihr lernen? Sind unter den negativen Eigenschaften dieser Person welche, die Sie gern hätten?
Anmerkung: *Ich will Sie keineswegs dazu überreden, eine Ihnen unsympathische Person plötzlich zu mögen. Manchmal können wir einfach von denen*

lernen, die wir ablehnen – und etwas weniger Feindseligkeit entlastet unseren
emotionalen Haushalt, ist also einfach Hygiene für die Seele.
Deshalb gibt es hier noch einen wichtigen 3. Teil für diese Übung:
Schreiben Sie neben alle Eigenschaften der unmöglichen Person, die mit
Ihren Eigenschaften übereinstimmen, eine positive Umdeutung.

Beispiel:

Arroganz wird ersetzt durch: ist klar abgegrenzt, zeigt keine falsche
Freundlichkeit;

hat keinen Geschmack, zieht sich unmöglich an wird ersetzt durch:
hält sich nicht an Konventionen.

Sagen Sie bei jeder Ihrer positiven Formulierungen dem Inneren Kritiker:
So kann man es auch sehen. Mehr dazu lesen Sie in dem Kapitel Extraübungen

5. Der Innere Kritiker macht es uns schwer, Sympathien von anderen anzunehmen

Natürlich, wenn wir den anderen Menschen begegnen, wie ich es im
letzten Absatz beschrieben habe, werden sie es schwer haben, uns zu
mögen. Sie könnten uns arrogant finden, weil sie ja unsere Ängste nicht
spüren können, zu stark ist unsere Maske. Aber Vorsicht: Manchmal
mögen uns die anderen, und wir nehmen es gar nicht wahr, weil die
Stimme des Inneren Kritikers in uns viel zu laut ist.

Diese Erfahrung habe ich als Erwachsene gemacht, als mir meine
Freundin Gabi über ihre Freundin Annette erzählte:»Die mag dich
richtig gern und hält ganz viel von dir.« Ich war verblüfft, wie konnte
das denn sein, wo ich doch Annette fast gar nicht mochte und immer
wieder in kleinere Wortgefechte mit ihr geriet. (Nicht dass Sie, verehrte Leserin, geehrter Leser, jetzt denken, *ich* wäre rechthaberisch ...)

Noch verblüffter war ich bei einem Klassentreffen meiner ehemaligen Volksschulklasse, mit der ich immerhin neun Jahre das Klassen-
zimmer geteilt hatte. In dieser Klasse hatte ich zwar immer zwei bis
drei Freundinnen, fühlte mich aber eher als Außenseiterin und oft ungerecht behandelt. Als wir nun unsere Erinnerungen aus der frühen

Zeit austauschten, fiel mir auf, wie freundlich die Frauen von mir als ihrer ehemaligen Mitschülerin sprachen. Von der Feindseligkeit, die ich damals wahrgenommen habe, war nichts zu spüren. Sie erzählten Geschichten, bei denen ich in einem guten Licht dastand. Diese Geschichten handelten vor allem von meiner Fantasie, aber ich hatte alle vergessen. Merke: Der Innere Kritiker verändert sogar unsere Erinnerung, das Bild unserer Kindheit.

Außerdem macht der Innere Kritiker uns kränkungsbereit. Jede kritische, auch witzige oder ironische Bemerkung anderer Menschen lässt ihn »siehste« sagen. Das macht, dass wir schnell verletzt sind, die anderen uns für eine humorlose *Mimose* halten können. Aber vielleicht tun sie es auch nicht. Am besten wissen wir, was die anderen von uns denken, wenn wir sie fragen!

6. Der Innere Kritiker hindert uns daran, ein guter Mensch zu sein

Dieser Punkt wird Sie vielleicht überraschen. Sorgt der Innere Kritiker nicht dafür, dass wir ein *guter Mensch* werden? Das mag seine Absicht sein, aber in seiner harten, strengen Ängstlichkeit geht er über dieses Ziel hinaus. Was wäre denn ein guter Mensch? Um das zu definieren, können wir vielleicht Anleihen bei dem Begriff der Buddhanatur nehmen. Ein guter Mensch ist einer, der nicht schlecht über andere spricht, ja nicht einmal denkt, der eher in Gedanken nach Konfliktlösungen sucht, ehe er handelt, anderen nicht willentlich etwas Böses antut, niemanden übervorteilt, ehrlich seinen Lohn verdient … und so weiter. Das Ganze noch gewürzt mit Geduld, Freude, Mitgefühl und Humor. Wer auf diesem Weg nur das Was befolgt und nicht das Wie, wird ein sittenstrenger, asketischer Eigenbrötler, ein strenger Mensch, dem die anderen nie gut genug sind. Er lebt dann weniger seine Buddhanatur aus als vielmehr seine Kritikernatur. Manchmal begegnen uns solche Menschen.

Ich hatte vor vielen Jahren einen guten Freund, mit dem mich viel verband – von ähnlichen politischen Ansichten bis zur Freude an einem guten Glas Rotwein. Wir verbrachten lange Abende miteinander, um redend die Welt zu retten, und engagierten uns gemeinsam in einem Projekt. Irgendwann zog sich Friedhelm aus unserer Freundschaft zurück und begab sich auf einen »spirituellen Weg«, wie er es selbst nannte. Die Abende mit ihm wurden deutlich kürzer, Rotwein und Lachen weniger. Manche dieser Veränderungen taten mir natürlich gut, schließlich wurde ich auch älter. Ich hätte gern mehr mit ihm gelacht, unsere Gespräche wurden holpriger, die alte Vertrautheit ging verloren. Friedhelm stand jeden Morgen um 5:00 auf, um zu meditieren, eine Stunde lang, abends meditierte er auch eine Stunde. Ich bewunderte seine Disziplin. Gleichzeitig wurde er härter. Er sprach verurteilend über Menschen, über die er vorher gelächelt hatte, er begann mir Verhaltensvorschriften zu machen. Ja, er verlangte von mir, mich von einer Freundin zu trennen, die nicht gut für mich sei. Kurze Zeit später trafen wir uns gar nicht mehr. Eine Zeit lang tat es mir leid, seine Veränderung nicht angesprochen zu haben, als es noch möglich war.

Aber bevor ich mich weiter auslasse über die Menschen, die vor lauter Gutsein hart und bitter werden, denke ich schnell an die Geschichte vom Pharisäer und die Wendung, die sie häufig in uns nimmt. Da steht doch dieser Mann im Gebet, lobt sich für seine guten Taten und dankt Gott dafür, dass er ein guter Mensch ist und nicht so einer wie der Zöllner. Der stand fein bescheiden in der letzten Reihe und bereute seine Sünden (nachzulesen in der Bibel, Lk, 18, 9–14). Und wie schnell kommen wir dann auf die Idee, uns mit dem Zöllner zu identifizieren und den Pharisäer zu verachten. Schon ist es passiert.

So sind wir doch alle ein bisschen Pharisäer, entdecken Seiten an uns, die besser sind als die anderer Menschen, fühlen uns anderen überlegen. Sie und ich sind natürlich davon ausgenommen, Pharisäer zu sein. Obwohl: Vielleicht kann ja auch ein Zöllner ein Pharisäer sein?! Als Kind war ich nie leise und bescheiden, und der Zöllner schien mir gar kein nachahmenswertes Vorbild. Eher war ich misstrauisch: Ist er wirklich so bescheiden, sanft und demütig, oder tut er nur so, um für einen guten Menschen gehalten zu werden – dann wäre er ja innerlich auch ein Pharisäer. Bei diesen Gedanken fällt mir ein Satz ein, den mein Vater gern sagte, wenn wir etwas besonders gern aßen:»Esst nur, ich will gern hungern, wenn es euch schmeckt.« Das war natürlich als Scherz gemeint – aber was versteckte sich dahinter? Verzichtete er wirklich gern, um uns eine Freude zu machen? Oder wollte er uns nur auf seinen Verzicht aufmerksam machen und uns zeigen, was für ein guter Mensch er war? Oder dachte er dabei an eigene Hungerjahre? Jedenfalls gibt uns das Problem des Pharisäertums einen weiteren Grund, ganz vorsichtig mit Kritik und Beurteilungen umzugehen. – Und Zöllner zu sein, ist vielleicht auch nicht die Lösung.

Der Innere Kritiker hindert uns oft sehr konkret daran, ein guter Mensch zu sein. Er redet uns ein, wir ließen uns ausnutzen und wir müssten lernen,»Nein« zu sagen. Es gibt viele Ratgeber, die uns zum Neinsagen anleiten. Sicher ist es manchmal nötig,»Nein« zu sagen. Meine Devise hier ist:»Sage Nein, sooft es nötig ist, und Ja, sooft es möglich ist.« Viele kleine»Jas« sind wie Öl im Getriebe des menschlichen Zusammenlebens. Und die Angst, ausgenutzt zu werden, ist oft größer, als es in der Realität notwendig wäre.

Manchmal ist es einfach Bequemlichkeit, die uns hindert, freundlich zu sein. Ich lese ein spannendes Buch, und mein Mann fragt mich, ob ich Lust habe, mit ihm einen kleinen Spaziergang zu machen. Eigentlich habe ich keine Lust, auch wenn ich weiß, dass er lieber mit mir als ohne mich geht. Außerdem gefällt es mir, spazieren zu gehen, wenn ich erst einmal draußen bin. Trotzdem höre ich öfter auf die innere Stimme, die da sagt:»Das hätte er auch fragen können, bevor ich es mir gemütlich gemacht habe. Jetzt habe ich keine Lust mehr, und es ist dunkel, und ich bin müde. Und ich habe den ganzen Tag gearbeitet und möchte jetzt endlich das machen, wozu ich Lust habe …«

Wer spricht da eigentlich? Der Innere Kritiker? Der Ungeschickte Verteidiger? Ganz sicher nicht das Gute Objekt und sicher auch nicht der Buddha. Der fände, ich sollte mit Freuden meinen Mann auf einem kleinen abendlichen Spaziergang begleiten. Ganz einfach so, ohne ein Getue darum zu machen. Nur dann gibt es nämlich Punkte fürs »Karma«. Den Ausdruck kennen Sie. Karma ist nach der buddhistischen Lehre so etwas wie ein Konto, auf dem sich Punkte ansammeln für gute Taten, richtiges Handeln, eben für ein Leben auf dem Achtfachen Pfad. Diese Punkte sollen sich im nächsten Leben auswirken, wo dann die Bedingungen besser sind als in diesem. Wir wissen allerdings – aus der Erfahrung und aus der Gehirnforschung –, dass es sofort eine Belohnung bringt, wenn wir *mit Freude* etwas Gutes tun. Es schüttet nämlich Belohnungsstoffe aus (zusätzlich zu den Punkten auf dem Karma-Konto).

In einem Reisebüro in Dharamshala, Nordindien, dort, wo der Dalai Lama wohnt, sah ich ein kleines Plakat, darauf stand:

> ## Karma happens

Und ich dachte, als ich die geschäftstüchtigen jungen Tibeter sah: »Sie müssens ja wissen ...«

Kommen wir noch einmal zum Inneren Kritiker zurück, um den es hier geht. Die Freude, die wir fühlen, ist etwas, was ihn sehr beruhigt und versöhnt. *Dagegen* kann selbst er keine Einwände haben.

Und um diese Freude zu vermehren und zu stabilisieren, hier eine Übung:

Übung: Punkte sammeln fürs Karma

(Karma bedeutet hier: Beruhigung des Inneren Kritikers und mehr Freude im jetzigen Leben.)

Es geht ganz leicht: Stellen Sie sich vor, welchem Menschen Sie heute oder im Lauf der nächsten Woche eine Freude machen oder einen Wunsch erfüllen *könnten*. Für jede Person, die Ihnen einfällt, gibt es einen Punkt. Malen Sie sich genau aus, womit Sie dieser Person eine Freude machen, welchen Wunsch oder welche Wünsche Sie ihr erfüllen. Die Situation soll so plastisch wie möglich vor Ihren inneren Augen stehen. Spüren 0Sie, dass sich schon bei der Vorstellung eine kleine Freude in Ihnen regt? Für jede vorgestellte Situation gibt es zwei Punkte.

Und wenn Sie dann diese Fantasien in die Tat umgesetzt haben, verdoppelt sich die Punktzahl.

Schreiben Sie am Ende auf, ob der Innere Kritiker spricht und was er dazu zu sagen hat.

B Begegnungen und erste Zusammenarbeit

I. Exkurs: Es geht wirklich ohne Kritik

Eine Kommunikationstechnik, die ich sehr schätze, nennt sich »Gewaltfreie Kommunikation« (nach Marshall B. Rosenberg). Dabei geht es darum, ohne Vorwürfe und Ansprüche oder Forderungen den anderen Menschen mitzuteilen, wie es mir geht, was ich fühle und was ich mir wünsche. Das für mein Buch Wichtige ist die Idee, andere nicht zu kritisieren, sich selbst nicht zu kritisieren – und sich nicht kritisieren zu lassen.

In Verbiegung der ziemlich radikalen Idee der »Gewaltfreien Kommunikation« gibt es immer wieder Kurse und Theorien darüber, wie man *konstruktiv* kritisieren kann, also kritisieren, *ohne zu verletzen*. Aber genau das ist unmöglich. Jede scheinbar noch so *berechtigte* Kritik löst eine Verletzung aus, von einem diffusen Unbehagen über eine tiefe Verstimmung bis hin zu einem Gefühl von Wertlosigkeit, einem »Ich-bin-falsch«-Gefühl.

Kurze Einführungsübung zu diesem Thema:
Kritik an mir

Am leichtesten können Sie obige These prüfen, wenn Sie sich einen Moment Zeit nehmen, sich zu erinnern, wer zuletzt etwas an Ihnen kritisiert hat und was der Anlass war.

1. Machen Sie eine kurze Liste mit fünf bis sieben Beispielen. Schreiben Sie eine Zahl von eins bis fünf hinter jede *Kritik*, die aussagen soll, wie berechtigt diese Äußerung ist.

   Eins bedeutet: völlig aus der Luft gegriffen.

   Zwei: könnte was dran sein.

   Drei: irgendwie stimmt das schon.

Vier: ja, das ist meine Schwäche / mein Fehler.

Fünf: absolut nachvollziehbar, da bin ich unerträglich.

2. Nun schreiben Sie hinter jeder dieser Kritiken, wie sie sich anfühlt (ganz ehrlich!). Achten Sie auch darauf, ob und wie viel positive Gefühle entstanden sind, wenn eine Kritik *berechtigt* schien. Welche Kritik hat Ihnen wirklich geholfen? Die dürfen Sie mit einem Herzchen versehen!

In der Regel werden Sie feststellen, dass es bei keinem der Beispiele ohne Verletzungen geblieben ist. Wir fühlen uns infrage gestellt, sind nicht richtig so, wie wir sind. – Und die Kränkung ist nur wenig abhängig davon, wie der Kritiker es *gemeint* hat. Zur sogenannten »gut gemeinten« Kritik werde ich später noch kommen. Selbst wenn uns etwas gesagt wird, das wie eine einfache Aussage daherkommt, fühlen wir uns kritisiert und getadelt. So sagte mir ein Therapeut in einer Gruppentherapie: »Du hast schmutzige Füße.« Er hatte recht, ich war schon den ganzen Tag barfuß und in Sandalen unterwegs gewesen, schließlich war es ein extrem heißer Sommertag (hören Sie meinen Ungeschickten Verteidiger?). Er sagte es vor der ganzen Gruppe – und ich brach in Tränen aus. Zugegeben, die Geschichte ist viele Jahre her, doch ist sie mir gut in Erinnerung geblieben. Ich bin nicht mehr gekränkt, weiß auch, dass Howard eigentlich ein guter Therapeut war, und finde immer noch, er hätte sich diesen Satz einfach sparen können. Heute würde ich (vielleicht wenn mir nicht gerade aus anderen Gründen ein Inneres Kind dazwischenspricht) ganz erwachsen antworten: »Ja, stimmt!«

Howard hatte mich nicht kränken wollen – und er war nicht einmal unfreundlich bei seiner Äußerung. Der Schlüsselreiz war das Wort »schmutzig«. Schmutzig ist immer etwas Schlechtes und damit eine Kritik – wenn nicht sogar eine Be- und Verurteilung. Kennen Sie auch so kleine Bemerkungen, die Sie aus der Fassung bringen können? Eine andere Bemerkung, die auch nur einen Sachverhalt beschreibt, ist das Nennen der Uhrzeit – es reicht auch ein Blick auf die Uhr –, wenn wir uns verspätet haben. Noch bevor wir uns dann entschuldigen können, erschrickt das Innere Kind, und der Ungeschickte Verteidiger verteidigt sich wortreich.

Anmerkung: *Ja, manchmal kommen wir zu spät, und das Gegenüber ist verärgert – wenn wir selbst hätten warten müssen, wäre es doch genauso. Warum soll man da nichts sagen dürfen? Doch, man darf etwas sagen. Zum Beispiel:* »Schön, dass du kommst«, *wenn einem das Warten nichts ausgemacht hat. Hat es doch etwas ausgemacht, formulieren Sie Ihr Gefühl:* »Ich hatte schon Sorge, du hättest unseren Termin vergessen«, *oder welches auch immer. Gut ist auch die Formulierung eines Wunsches wie:* »Ich wünsche mir, besser mit Wartesituationen umgehen zu können. Vielleicht kannst du mir dabei helfen?«

Suchen Sie nach dem Auslöser, der sich oft in der scheinbar neutralen Bemerkung versteckt (wie bei mir das Wort schmutzig). Andere, rein sprachliche Auslöser von Kränkungen sind Satzanfänge wie »Du hast …« oder »Du bist …«. Wenn ein Satz so beginnt, sind wir schon auf der Hut. Zu oft sind wir kritisiert worden mit Sätzen, die so begannen. Verstärker sind dann noch so »böse« Worte wie »immer« und »nie«.

Die Kränkungen können sich auch noch in anderen Äußerungen verstecken, z. B. in Bitten. Hier noch einmal ein Beispiel aus meinem eigenen Alltag: Da ich ein lebhafter Mensch bin und aus einer lauten Familie komme, spreche ich (gelegentlich, im Eifer, in emotionaler Betroffenheit) ziemlich laut, was meinen Mann sehr stört. (Er kommt eher aus einer Flüsterfamilie.) Dann sagt er etwas wie: »Kannst du ein bisschen leiser sprechen?« Und nach all den Jahren unsrer Beziehung passiert es mir immer noch, dass ich dann ganz verstumme, mich zutiefst gekränkt, in meiner Lebendigkeit und meinem *Selbstausdruck* beschnitten fühle: »Ich *bin* doch so, ein wenig exaltiert, extrovertiert. Warum darf ich nicht so sein?« – Und auch heute brauche ich noch ein paar Minuten, um mich wieder »einzukriegen« und wieder im *Hier und Jetzt* anzukommen. Ich weiß dann wieder, dass mir mein Mann gegenübersitzt und nicht meine Mutter, in deren harter Kritik die Ursprünge dieser Verletzbarkeit liegen. Natürlich kann durchaus eine gewisse Aggressivität in der Äußerung meines Mannes liegen, schließlich bittet er mich nicht zum ersten Mal. Da haben wir beide unseren Konflikt: Ihm ist das peinlich, wenn fremde Menschen mithören, was ich sage. Ich werde wütend, weil ich ihm peinlich bin und weil ich nicht so sein darf, wie ich möchte. Unsere Konflikte passen an dieser Stelle zusammen wie zwei Zahnräder, die das Getriebe in Bewegung halten. Das geht vielen Paaren so, wenn wir uns die sich immer wiederholenden Konflikte betrachten. Wie kann man das auflösen? Ganz einfach: Einer der Kontrahenten muss sein Rädchen zurückziehen, also auskuppeln. Da Veränderung immer nur bei einem selbst beginnen kann, bin ich es, die etwas ändern muss. Der Weg (meiner) sieht so aus: Nachdem ich mir die Situation klargemacht habe (Gelegenheiten gab es ja genug), gelingt es mir, nur noch wenige Augenblicke zu schweigen, tief durchzuatmen und ein bisschen leiser mit meiner Rede fortzufahren. Innerlich habe ich inzwischen mit meinem Kind (das kleine, lebhafte, manchmal »alberne« Mädchen, das Glitzer so gern mag) gesprochen und ihm gesagt, dass es in Ordnung sei. Für die Erwachsene ist es nicht schlimm, etwas leiser zu sprechen.

Das sind nur sehr kleine Beispiele für unsere große Verletzbarkeit. Über richtig harte Kritik haben wir ja noch gar nicht gesprochen. Da gibt es viele Szenen: Der Chef sagt uns, wir arbeiteten zu langsam, eine Freundin sagt, dieses Kleid stünde uns nicht, die Kinder sagen, *dafür* wären wir zu alt ... Manches davon mag stimmen – und doch wollen wir es nicht hören. Aus welchen Gründen sie auch immer ausgeübt wird: Es gibt keine Kritik ohne Verletzungen. Das ist die schlechte Nachricht. Die gute Nachricht ist: Es geht auch ohne Kritik!! Wir müssen nicht kritisieren, nicht uns, nicht andere, schon längst nicht *das Leben.* Lassen wir die Dinge, wie sie sind, durch Kritik ist selten etwas besser geworden. Das wissen wir inzwischen auch aus der Gehirnforschung, aus den genauen Untersuchungen und Erkenntnissen darüber, wie Kinder und erwachsene Menschen am besten lernen, nämlich mit Freude am Lernen! Vereinfacht ausgedrückt: Wenn die

Lehrer lernen würden, wie sie den Kindern Freude am Lernen vermitteln, ihnen zum Schulbeginn erst einmal helfen würden, aus Alltagssorgen auszusteigen und sich fröhlich zu fühlen, bräuchten wir nicht eine Schulreform nach der anderen und noch differenziertere Leistungskontrollsysteme (heute auch Qualitätsmanagement genannt). Kinder, die gern lernen, lernen auch gut – und dass sie gut gelernt haben, erhöht wiederum ihre Freude, und diese ist dann gleichzeitig die Belohnung.

Nach diesem kleinen Ausflug zurück zur Kritik. Kritik verursacht genau das Gegenteil von Freude, nämlich eine Reaktion des Limbischen Systems (der Amygdala), wie es auch auf Gefahr reagiert, mit Flucht-, Angriffs- oder Totstell-Impulsen. Und damit ist unser Großhirn (Neokortex) erst einmal ausgeschaltet. Es arbeitet nämlich nur in einem entspannten Modus normal. Das Großhirn ist zuständig für Wahrnehmung, Denken und gezielte, freiwillige Bewegung. Wenn es aber nicht denken kann, weil das Zwischenhirn (Limbisches System) agiert, kann es auch keiner Kritik zustimmen oder einen Nutzen daraus ziehen.

Ob nun das Limbische System oder die Inneren Kinder unsere Reaktionen steuern, ist lediglich eine Frage, auf welcher theoretischen Ebene wir das Geschehen betrachten. Das Ergebnis ist dasselbe: Die Kritik führt zu nichts. Gewünschte Veränderungen treten ein, wenn jemand damit beginnt, etwas zu verändern. Das hat Harald Welzer im zweiten Teil seines Buches »Selbst denken« sehr anschaulich beschrieben – und er beschreibt auch, dass Veränderung nur funktioniert, wenn sie Spaß macht.

Warum – wenn doch alles gegen sie spricht – wird der Sinn von Kritik so hochgehalten, warum glauben so viele Menschen, dass sie wichtig und sogar notwendig sei? Dazu habe ich zwei Thesen. Die erste ist: Menschen, die kritisieren, haben die Absicht, etwas über sich auszusagen. Oft ist ihnen selbst diese Absicht verborgen. Sie verbergen sie hinter Wohlwollen, Rechthaben oder fachlicher Kompetenz. Und vielleicht stimmt, was sie sagen. Warum reagieren dann trotzdem unsere inneren, eher unreifen Anteile und nicht unser erwachsenes Ich? Sicher, da haben wir unsere Gründe und unsere Geschichte(n), siehe oben. Aber wir spüren auch eine Botschaft, die uns der andere unbewusst zukommen lässt. Dieses Erspüren von Unausgesprochenem nennen wir in der Psychotherapie eine Gegenübertragung. Ich fühle, was du fühlst – auch wenn du gerade nicht weißt, dass du es fühlst. Manchmal ist es schwer herauszufinden was der Kritiker nun eigentlich sagen will: dass er klüger ist als wir? Dass er unsere Aufmerksamkeit/ Bewunderung wünscht? Dass er auf etwas neidisch ist, was wir sind oder haben, und er uns deshalb klein machen muss? Es hilft nicht zu spekulieren, es hilft aber zu wissen: In jeder Aussage, die jemand über uns macht, macht er auch eine über sich. Wenn man das fühlen kann, ist die Kränkung sicher schon geringer. Wir können diesen Aspekt natürlich auch andersherum ansehen: Was verberge ich an eigenen Gefühlen und Wünschen in einer Kritik, die ich ausübe? Sie glauben, es liegt kein verborgener Sinn in dem, was Sie gesagt haben? Sie können es hier überprüfen. Sind Sie bereit für eine ehrliche Innenschau? Dann also zur nächsten Übung:

Übung: Was will ich eigentlich sagen, wenn ich Kritik übe?

(Dies ist eine wirklich schwere Übung – Sie müssen ja niemandem zeigen, was Sie geschrieben haben.)

Wieder brauchen Sie eine Tabelle. In die erste Spalte kommen Kritiken, die Sie in den letzten Tagen verteilt haben – an Ihre Umwelt oder auch an sich selbst.

Um genügend Material zu haben, sollten es mindestens sechs Sätze sein.

Dann nehmen Sie sich den ersten Satz vor und spüren in sich hinein: Welches meiner Ich-Anteile hat wohl diesen Satz geäußert – mit welchem Gefühl? Sind Sie wirklich ganz sicher, dass ganz allein das reife Erwachsenen-Ich diesen Satz gesagt hat? Erinnern Sie sich an Ihr Gefühl beim Aussprechen, auch an Ihr Gefühl zu Ihrem Gegenüber.

Dann steht vielleicht in der zweiten Spalte: Mein Inneres Kind X hat das gesagt. Ich war wütend auf mein Gegenüber. Nun versetzen Sie sich auf diese innere Ebene und nehmen Sie sich Zeit dafür herauszufinden, was Sie eigentlich gemeint haben.

Beim obigen Beispiel des Zuspätkommens könnte das so aussehen:

Was war meine Kritik?	Von wem, mit welchem Gefühl kam sie?	Was wollte ich eigentlich sagen?
»Du kommst ziemlich oft zu spät.«	Mein ängstliches Kind glaubte, vergessen zu werden.	Wenn du zu spät kommst, glaube ich, dass ich nicht wichtig für dich bin.

Sie müssen Ihrer Freundin die Gefühle der letzten Spalte gar nicht mitteilen, wenn Sie sich nicht stark genug dafür fühlen, die Beziehung nicht so wichtig ist.

Hier geht es nur darum, Ihre eigentliche Botschaft zu verstehen, statt auf der Berechtigung Ihrer Kritik zu beharren, denn dieses Verständnis kann Ihnen wirklich weiterhelfen.

Meine zweite These, warum Kritik einen so hohen Stellenwert hat, ist eher philosophischer Art. Das Wort Kritik, das aus dem Französischen etwa im 17. Jahrhundert in unsere Sprache kam, bedeutet eigentlich »unterscheiden«, vielleicht auch »prüfen«. Es hat, und das finde ich wirklich erstaunlich, die gleiche griechische Ur-Bedeutung wie das Wort Technik und bedeutet dann Kunst, Handwerk. In diesem Sinne ist gegen Kritik natürlich nichts einzuwenden.

Auch Kant benutzte in seinem berühmten Hauptwerk »Kritik der reinen Vernunft« das Wort nicht etwa im Sinne von »Herumgemeckere an«, sondern von Untersuchung.

Diese ursprünglichen Bedeutungen hat die Kritik heute leider nicht mehr. Sonst würden wir sagen: Wie können wir etwas anders machen. Anders ist ohnehin ein Zauberwort in diesem Zusammenhang. Es stellt Unterschiede vor, ohne sie zu werten. Das kann oft sinnvoll sein. Aber auf eine Kritik, die sagt: »Das, was du machst, bist, denkst, ist falsch«, können wir sicher gut verzichten. Und: Unser inneres Gutes Objekt kritisiert auch niemals. Können Sie sich einen nörgelnden, entwertenden, kritischen Buddha vorstellen? Da stellt sich die wichtige

Frage: Wie, wenn nicht mit Kritik, verändern wir uns? Was unterstützt unser Wachstum?

Vor jeder Veränderung liegt die Akzeptanz dessen, was ist – zufällig oder aus gutem Grund ist, wie es ist. Diese Akzeptanz gibt uns die Chance, ganz in Ruhe zu entscheiden, was wir wirklich ändern wollen. So einfach könnte es sein: Wir sehen die Welt, unsere Mitmenschen und uns selbst an und sagen:»Du bist, wie du bist. Ich bin, wie ich bin. Es ist, wie es ist.«

Das Akzeptieren dessen, was ist, ist eine konstruktive und hilfreiche Haltung. Ich erkläre das gern in einem Bild: Wenn wir in unserem Garten (oder auf dem Balkon) säen oder pflanzen, sind wir begierig darauf, etwas wachsen zu sehen und zu ernten. Wir bringen allerdings keine Pflanze dazu, schneller zu wachsen, wenn wir an ihr ziehen. Wir können sie nicht zwingen, wir können nur anerkennen, dass sie das ist, was sie gerade ist, nämlich ein kleiner Keim, der ins Leben will. Und wir geben der kleinen Pflanze, was sie gerade braucht. So können wir auch mit uns selbst umgehen: liebevoll, nährend und akzeptierend. – Und dabei ohne Kritik wachsen und verändern.

Viele Menschen, denen ich das begreiflich zu machen versuche, reagieren verärgert und mit dem Satz:»Man muss doch die Wahrheit/ seine Meinung sagen dürfen.« Ich erkläre dann das Prinzip der gewaltfreien Kommunikation. Es geht immer wieder um die Frage:»Wenn ich nicht kritisiere und niemandem Vorwürfe mache, was habe ich dann davon?«

Hier also noch ein paar Gedanken dazu, was wir gewinnen, wenn wir uns mit der Kritik immer mehr zurückhalten: Wir sehen die Unterschiede zwischen den Dingen, Ereignissen und Menschen. Beim Vergleichen geht es nicht mehr darum, ob etwas besser oder richtiger ist, sondern so oder – jetzt folgt ein wichtiges Zauberwort: **anders.** In einem Gespräch würden wir nicht mehr sagen:»Das siehst du falsch.« Sondern:»So habe ich das nicht gesehen.« Oder:»Das sehe ich anders.«

Zu diesem Punkt gehört auch unser Verhalten des Recht-haben-

Wollens. Aus verschiedenen Gründen können wir eine unterschiedliche Meinung nicht stehen lassen. Manchmal, nein sogar oft, geht es dabei um eindeutige Fakten, die man nachlesen und mithilfe eines Lexikons (oder des Internets) klären kann. Man bräuchte hier gar nicht zu diskutieren. Wir tun es »aber trotzdem«, wie eine Freundin immer sagte. Vielleicht tun wir das, weil der Innere Kritiker will, dass wir als kluge, informierte Menschen vor anderen dastehen. Dabei kann man das auch lassen – oder liebevoll auflösen: Ich erinnere mich an eine Diskussion mit meiner Freundin Elis um ein Reiseziel in Indien. Da bin ich doch die Expertin! Elis ließ nicht locker, und ich konnte nicht gewinnen. Schließlich sagte ich, um die Diskussion nicht zum Streit werden zu lassen: »Ich glaube, wir sind beide rechthaberisch!« Worauf Elis mich anlächelte und sagte: »Ich weiß, dass ich rechthaberisch bin, dabei habe ich so oft unrecht!« – Ich glaube, diese Auseinandersetzung hat sie »gewonnen«.

Wir urteilen nicht mehr und lassen uns auch nicht beurteilen. Letzteres bedeutet nicht, anderen das Urteil zu verbieten, denn dann wären wir wieder bei unserem alten Kampf ums Rechthaben. Es heißt, wir schützen uns vor den Urteilen, z. B. indem wir sie als Aussagen des anderen über sich selbst und über seine Wünsche nehmen oder schlicht als Beobachtung.

Wenn wir beginnen, auf Urteile zu verzichten, werden wir bald eine Beruhigung spüren. Das Gehirn schüttet Serotonin aus, und wir können die Unterschiede zwischen den Dingen, Ereignissen und Menschen sehen.

Wir sind dann weniger ängstlich, weniger aggressiv, weniger traurig. *Selbstberuhigung* als Umgang mit Gefühlen und Widersprüchen ist eine Fähigkeit, die wir als Menschen sehr nötig brauchen, und deshalb ist es sinnvoll, diese Fähigkeit zu stärken. Wir tun uns also etwas Gutes, wenn wir weniger kritisieren.

Gut, werden Sie vielleicht denken, ich weiß das nun … Aber die anderen? Sie haben recht, zu diesem Thema gehört natürlich auch die Frage, wie Sie mit der Kritik umgehen können, die andere Menschen an Ihnen üben. Schließlich möchten sie nicht verletzt werden. Im Sinne der Gewaltfreien Kommunikation wäre es, genau dieses Gefühl mitzuteilen, etwa so:»Vielleicht hast du recht mit deiner Kritik. Wenn du es so ausdrückst, wie du es ausdrückst, verletzt mich das. Ich beginne mich innerlich zu rechtfertigen – oder werde wütend. Da habe ich keine Chance, mich zu ändern oder auch nur klar über deine Kritik nachzudenken. Kannst du deine Aussage relativieren?« (Sie beherrschen bis zu dieser Auseinandersetzung natürlich die Technik der Relativierung!)

Im Sinne Buddhas wäre es, gar keine Antwort zu geben, außer vielleicht der Mitteilung:»Ich habe gehört, was du sagst, und werde darüber nachdenken.« Schließlich ist es auch aggressiv, jemanden mit seiner Rede gar nicht wahrzunehmen. Denken Sie auch daran, dass dieser wütende Mensch, der Sie gerade beschuldigt, auch nur ein Mensch ist, der um sein Glück ringt. Sollten Sie irgendwann zu der Einsicht kommen, dass er oder sie recht hatte mit der Kritik, wird der erwachsene Ich-Anteil wirksam, und Sie können sagen:»Du hattest recht!« – Und machen gegebenenfalls wieder gut, was gutgemacht werden muss.

II. Warum der Innere Kritiker tut, was er tut

Er kritisiert uns, macht uns zu unfreien Menschen, zu empfindlichen, ängstlichen Geschöpfen. Er lässt uns ungerecht gegen andere Leute sein, streng und verurteilend. Da soll irgendetwas *Gutes* dran sein?

O ja, das ist es, und zwar in mehrfacher Hinsicht, wie uns Wilhelm Busch in seinem Gedicht so humorvoll zeigt: Ja, der Innere Kritiker hat viele und durchaus gute Gründe für das, was er tut.

1. Er bewahrt uns manchmal wirklich davor, Fehler zu machen, die wir als erwachsener, selbstbewusster Mensch auch nicht gern machen wollen. Er bewahrt uns vor negativen Konsequenzen. Leider tut er das streng und verletzend, er hat (noch) nicht die richtige Form gefunden.

Er glaubt, wir befänden uns in ständiger Gefahr. Wenn er nicht aufpasst, würde uns ein Unglück zustoßen. Dabei kann er gar nicht sagen, welches Unglück er im Hier und Heute vermeiden will.

Als wir ein Kind waren, hat er vielleicht gesagt: Klettere nicht auf diese hohe Mauer, es wird sehr wehtun, wenn du herunterfällst, vielleicht verletzt du dich sogar ernsthaft. Das sagt er noch immer, obwohl wir kein Kind mehr sind und wir meist nur noch im übertragenen Sinn auf Mauern (neue Erfahrungen aller Art) klettern.

2. Er *meint es nur gut.* Kennen Sie diesen Satz? Merkwürdigerweise ist er ernst gemeint von den Menschen, die Sie als Kind verletzt haben. Sicher hatten diese Menschen noch andere Motive, sie waren überfordert, genervt, wütend oder hilflos. Aber (fast) immer war auch Liebe dabei und der Wunsch, Sie zu schützen. Der Innere Kritiker hat den Ton der äußeren Kritik übernommen. (Wie sollte er auch von selbst darauf kommen, sich liebevoll und geduldig auszudrücken?) Und gleichzeitig, das ist sein zweites positives Motiv, will er Sie vor einer lieblosen Kritik von außen schützen nach dem Motto: Wenn das Kind lieb ist, muss die Mama nicht schimpfen.

3. Er sorgt sich um unsere soziale Anpassung, schließlich will er, dass wir Freunde haben und gemocht werden. Und er kann sich gar nicht vorstellen, dass es andere Menschen geben kann, die uns einfach mögen (oder sogar lieben!) wie wir sind.

4. Macht es Sinn, sich die Fragen zu stellen: »Was ist in mir, in meinen Gedanken, wenn der Innere Kritiker schweigt? Was höre ich dann? Welche Gefühle bewegen mich?«

Beantworten Sie diese Fragen in der folgenden Übung.

Übung: Was höre ich, wenn der Innere Kritiker schweigt?

Stellen Sie sich vor, diese Stimme gäbe es nicht. Sie würde schweigen, total, als hätte es sie nie gegeben. In Ihren Gedanken täte sich ein großer leerer Raum auf. Nun wissen wir aber, dass wir eigentlich immer denken, irgendetwas. Also: Wenn Sie nichts Kritisches denken, was denken Sie dann? Listen Sie hier möglichst viele Sätze auf.

Nur wenige Menschen, denen ich diese Fragen gestellt habe, füllen den frei werdenden Raum spontan mit positiven Sätzen wie: »Mein Leben ist schön, ich bin richtig, wie ich bin, etc.« Den meisten bereiten diese Fragen Unbehagen, Sie wissen es nicht, Sie fühlen sich leer und verunsichert, schlimmstenfalls entscheidungs- und handlungsunfähig. Davor will der Innere Kritiker uns schützen.

Der Innere Kritiker will uns tüchtig und zuverlässig. Psychoanalytisch gesprochen könnte man sagen, er sei unser Über-Ich. Verfehlungen welcher Art auch immer trägt er uns lange nach. Sie stecken uns wie Dornen im Fleisch – es war nicht richtig von mir, dass ich damals ... Nehmen wir diese Dinge ernst, ohne Angst vor dem Inneren Kritiker zu haben, haben wir nicht nur einen guten Ratgeber, sondern auch die Chance, uns als mutige, erwachsene Menschen immer weiterzuentwickeln.

Wenn wir uns also nicht mehr von dem Inneren Kritiker und seinen Vorschriften einschüchtern lassen, wird aus der Bedrohung eine Hilfe. Und es wächst ein Gefühl für die Freiheit, die wir haben. Wir können den Inneren Kritiker ernst nehmen, ihn gleichzeitig in Grenzen halten. Einfach so tun, als wäre er nicht da, hilft nicht. Dann redet er an den falschen Stellen einfach dazwischen. Freud nannte das »Fehlleistungen« und meinte damit Versprecher, Vergessen, Blackouts etc. Wir nehmen den Inneren Kritiker ernst, ohne uns von ihm beherrschen zu lassen, wie wir es mit allen anderen Anteilen unseres Ichs auch tun. Was auch immer er sagt, wie schroff es auch aus ihm herauskommt: Er meint es gut!

III. Einzelgespräche. Erster Teil

Nachdem Sie einen ersten Blick auf Ihre inneren Anteile (Ego-States) getan haben, ist es empfehlenswert, sich so weit wie möglich mit den einzelnen Gestalten vertraut zu machen. Damit lernen Sie sich auch besser kennen und verstehen. Aus Erfahrung wissen Sie, dass Sie selbst manchmal über Ihre Reaktionen erstaunt sind – irgendwie neben sich stehen. Das ist immer dann der Fall, wenn die innere Erwachsene, beziehungsweise die Rolle, die gerade gefragt ist, nicht mehr die Regie führt, sondern zum Beispiel eines von den Inneren Kindern oder der Innere Kritiker die Führung übernommen hat. Machen Sie sich also mit sich selbst vertraut. Ganz wichtig ist dabei, dass Sie keine Urteile aussprechen. Mancher Persönlichkeitsanteil ist Ihnen unsympathischer als ein anderer. Sie müssen ihn nicht lieben. Es geht darum, ihn einfach als Teil der eigenen Persönlichkeit wahrzunehmen. Nichts, das zu uns gehört, kann ausgeschlossen, vernichtet oder »abgeschnitten« werden. Wir versuchen es manchmal, indem wir so tun, als gehöre eine bestimmte Eigenschaft gar nicht zu uns … Es hilft nicht. In irgendeiner Situation, meist wenn es uns am wenigsten passt, tritt dieser Teil in Aktion. Die taffe Sekretärin, die nichts mit ihrem inneren schüchternen und Ängstlichen Kind zu tun haben will, bricht dann plötzlich im ganz wichtigen Meeting in Tränen aus und versteht das gar nicht. Freud nannte diesen Mechanismus anschaulich »Die Wiederkehr des Verdrängten«.

Am Ende des Abschnittes über die Ego-States haben Sie Modell-Zeichnungen von Ihrem eigenen Innenleben angefertigt. Ich meine jetzt die erste dieser beiden Zeichnungen, diejenige, die den Ist-Zustand darstellt.

Nehmen Sie sich jedes einzelne Segment dieser Zeichnung vor, geben Sie ihm eine Bezeichnung, ein Bild, als wäre es eine Person. Am leichtesten funktioniert es mit einem Foto, auf dem Sie diesen Ich-Anteil deutlich repräsentieren. Nehmen Sie sich die einzelnen Anteile einen nach dem anderen vor, zuletzt den Inneren Kritiker.

Nun versuchen Sie zu dem Persönlichkeitsanteil, den Sie gerade vor sich sehen, Kontakt aufzunehmen. Stellen Sie eine Reihe von Fragen und machen Sie sich Notizen. Folgende Fragen sind wichtig:

Wer bist du?

Seit wann bist du ein Teil von mir?

Wo kann ich dich am besten spüren?

Wie fühlst du dich dabei, ein Teil von mir zu sein?

Was kann ich für dich tun, damit du dich gut bei mir fühlst? (Diese Frage hat die unausgesprochene Fortsetzung: ... und dich nicht zu unmöglichen Zeitpunkten zu Wort meldest.)

Sehen Sie sich auch an, wie groß der Anteil ist, den diese Instanz von Ihrer Persönlichkeit einnimmt. Genau richtig? Zu viel, zu wenig? Machen Sie ein kurzes, aber gut sichtbares Zeichen neben die jeweilige Notiz, einfach ein dickes Plus für: Sollte mehr werden, oder ein Minus für das Gegenteil.

Nach diesem Muster gehen Sie Ihre Ego-States durch. Wenn Sie mögen, können Sie sich bei den einzelnen Anteilen bedanken, weil sie es so lange mit Ihnen ausgehalten haben – und nicht immer gut behandelt worden sind; wenn Ihnen das jetzt noch nicht möglich ist, wird es später noch Gelegenheiten dazu geben.

Wichtigste Instanz bei diesen Einzelgesprächen ist natürlich im Rahmen dieses Buches das Gespräch mit dem Inneren Kritiker. Hier mag es Ihnen besonders schwerfallen, ihn als Teil Ihrer Person zu betrachten, den es zu akzeptieren und zu integrieren gilt. Haben Sie nicht extra dieses Buch gekauft, um den Kerl loszuwerden? Vielleicht, aber es gibt tatsächlich etwas Besseres. Der Innere Kritiker ist – genau wie alle anderen Anteile – ein Teil der Vielfältigkeit Ihrer Person. Wenn Sie alle Anteile entfernen, die nicht zu einer glatten, perfekten Person gehören, werden Sie einen großen Teil Ihrer Vielfältigkeit und Lebendigkeit verlieren. Der Innere Kritiker kann uns sehr wohl dabei helfen, uns weiterzuentwickeln und unser Leben bunt und vielfältig zu gestalten, wenn wir ihn uns zum Freund machen. Davon soll in diesem Buch die Rede sein.

Und der Hilflose Verteidiger? Ist der nicht überflüssig? Ist er nicht, wir brauchen ihn nur an der richtigen Stelle, und zwar eher da, wo er nicht uns verteidigt, sondern verständnisvoll und geduldig nach Gründen für das Handeln der anderen sucht.

C Test: Wer bestimmt über Ihr Leben?

Haben Sie auch manchmal das Gefühl »Das bin doch nicht ich«? Oder stellen Sie sich die burschikose Frage: »Was hat mich denn da geritten?« Manchmal steht man erstaunt neben sich und wundert sich darüber, wie man handelt oder welcher Teil von mir gerade handelt.

Zu Beginn Ihrer Arbeit mit dem Inneren Kritiker ist es sinnvoll zu prüfen, welcher der beschriebenen Ego-States bei Ihnen besonders stark vertreten ist, welcher Ich-Anteil also Ihr Handeln wesentlich bestimmt. In diesem Test geht es um folgende Ich-Anteile: das erwachsene Ich, das Wütende Kind, das Ängstliche Kind, das mutige, lebenslustige Kind, den Inneren Kritiker oder den Ungeschickten Verteidiger.

Noch ein Tipp: Schreiben Sie die Buchstaben, die Sie ankreuzen würden, in Ihr Heft, dann können Sie am Ende Ihrer Arbeit den Test wiederholen und sehen, ob sich etwas verändert hat.

Anmerkung: *Den Test können Männer und Frauen natürlich gleichermaßen machen. Die entsprechende männliche Variante bei den Fragen steht in Klammern.*

Hier die Fragen und möglichen Antworten. Beantworten Sie die Fragen spontan und so ehrlich wie möglich – ganz gleich, was Ihre Mutter dazu sagen würde.

I. Test: Welche innere Gestalt ist bei Ihnen am stärksten vertreten?

1. Sie haben einer Nachbarin vor einiger Zeit angeboten, ihr Kind zu hüten, weil Sie dieses Mädchen ganz entzückend finden. Nun bittet sie Sie, heute Abend auf die Kleine aufzupassen, ihr Mann habe sie spontan zum Essen eingeladen. Sie haben keine Pläne für den Abend und antworten:

a. »Leider nein, spontan kann ich selten. Sie müssen mir ein paar Tage vorher Bescheid sagen.«   B F

b. »Heute kann ich nicht.« Und denken: Ich habe mich schon so auf einen ruhigen Abend gefreut.   B E F

c. »Das mache ich sehr gern, wenn Sie mir alles erklären, was ich zu beachten habe.«   A D

d. »Es passt mir nicht so gut. Wenn Sie niemanden anders finden, können Sie noch einmal fragen.«   A C F

e. »Ja gern, wann soll ich denn kommen?«   D D

2. Auf einem Fest macht Ihnen ein Ihnen nicht besonders sympathischer Mann (eine Ihnen nicht besonders sympathische Frau) ein wirklich freundliches Kompliment über Ihre Frisur. Sie antworten:

a. »Na ja, das ein doch ganz einfacher Schnitt.«   C F

b. »Danke! Freut mich, dass sie Ihnen gefällt.«   A D

c. »Ihnen täte eine neue Frisur auch mal gut. Soll ich Ihnen die Adresse meines Salons geben?«   A B

d. »Es interessiert mich nicht, wie Sie meine Frisur finden«, denken Sie und antworten nur kühl: »Danke!«   A B E

e. »Danke, das war ein Experiment, und ich wusste nicht, ob es gelingen würde!«   A C D E

3. Ihre Freundin hat Sie zu einem Theaterstück eingeladen. Sie ist mit einem der Schauspieler befreundet. Nach dem Stück gehen Sie noch etwas trinken, und die Freundin fragt Sie, wie es Ihnen gefallen habe. Sie fanden es nicht sonderlich gut und antworten:

a. »Dein Freund sieht wirklich toll aus, und ein guter Schauspieler ist er auch.«   A C F

b. »Es war ein interessantes Thema, da hätte mehr herausgeholt werden können.«   A E F

c. »Schreckliches Stück, schade um die guten Schauspieler und schade um dein Geld!«   B E F

d. »Es ist ein wunderbarer Abend, so etwas sollten wir öfter gemeinsam machen!« A C D

e. »Hat dir das etwa gefallen? Ich fand es ziemlich daneben.« B B E E

4. Sie treffen Ihre zweitbeste Freundin (Ihren zweitbesten Freund) zu einem gemütlichen Kaffeetrinken. Nach einer Weile beginnt diese, Schlechtes über eine gemeinsame Bekannte, Klara, zu erzählen. Eigentlich stimmen Sie ihr zu, wollten aber doch nicht mehr tratschen. Sie sagen:

a. »Ja, Klara hat hohen Unterhaltungswert.« A D

b. »Lass uns von was Erfreulicherem sprechen.« A C E

c. »Ich verstehe nicht genau, was du für ein Problem mit Klara hast.« B E

d. »Ich kann Klara auch nicht besonders gut leiden, aber sie hat es schwer und ich möchte nicht schlecht über sie reden.« A E

e. »Irgendwie seid ihr euch ähnlich, kann es sein, dass du Klara deshalb nicht magst?« B F

5. Ihre Therapeutin sagt Ihnen, Sie wären nicht bereit, Verantwortung zu übernehmen. Das kränkt Sie, weil Sie finden, dass es nicht stimmt. Sie hadern eine Woche damit. In der nächsten Sitzung sprechen Sie das Thema noch einmal an:

a. »Das letzte Mal haben Sie mich so geärgert, dass ich mir überlegt habe, ob ich überhaupt wiederkommen soll.« A B C

b. »Über Ihre Bemerkung in der letzten Woche habe ich lange nachgedacht. Ich habe sie wohl nicht richtig verstanden. Könnten Sie mir noch einmal erklären, was Sie gemeint haben?« A C F

c. »Ich habe herausgefunden, dass etwas Wahres an Ihrer Bemerkung sein könnte. Trotzdem war ich sehr verletzt, hätten Sie sich nicht vorsichtiger ausdrücken können?« B G E

d. »Sie haben recht, ich habe einfach keine Lust, erwachsen zu werden. Irgendwie fürchte ich mich wohl davor.« A C C D

e. »Ich erwarte von Ihnen, dass Sie sich für das entschuldigen, was Sie das letzte Mal gesagt haben.« B E

6. Der Klassenlehrer Ihres Sohnes erzählt Ihnen beim Elternsprechtag, wie schlecht sich Ihr Sprössling benimmt. Sie finden diesen Lehrer außerordentlich streng und seine Beurteilung überzogen. Sie sagen:

a. »Zu Hause ist er nicht so, dass er sich in der Schule so benimmt, muss wohl was mit Ihnen zu tun haben.« B E F

b. »Ich glaube, Sie haben nicht viel Geduld mit den Kindern. Und dann sollen die Eltern schuld sein, wenn es nicht so klappt, wie Sie es sich vorgestellt haben.« B B F

c. »Ja, Anton macht gerade eine schwere Zeit durch. Lassen Sie uns gemeinsam beraten, wie wir am besten damit umgehen können.« A C D

d. »Es ist ja ein schwerer Beruf, den Sie da haben, da wird man automatisch ein bisschen streng, nicht wahr?« E F

e. »O je, ich möchte nicht mit Ihnen tauschen. Fünfundzwanzig Kinder und dabei drei von Antons Sorte können einen schon zur Verzweiflung bringen.« A D

7. Eine Nachbarin bittet Sie, ihr etwas aus dem Supermarkt mitzubringen, und zählt auf: »Ein Pfund Zwiebeln, drei rote Paprika, ein Toastbrot und ein halbes Pfund Mett.« Sie sind Vegetarier und sagen zu ihr:

a. »Mir ist gerade eingefallen, dass ich einen Zahnarzttermin habe. Ich gehe also nicht einkaufen.« B C F

b. »Ich esse kein Fleisch und möchte mich auch nicht zum Komplizen von Mord an Tieren machen.« A E E

c. »Ich bringe Ihnen gern etwas mit – nur das Fleisch müssen Sie selbst einkaufen.« A B

d. Sie sagen gar nichts und denken: »Mit dieser Frau werde ich nicht über *Tiere essen* diskutieren.« B E F

e. »Ich kann Ihnen alles mitbringen. Dass ich Fleisch kaufe, ist aber eine Ausnahme, ich bin nämlich Vegetarierin.« A A D

8. Ihre beste Freundin, Kerstin, hat wiederum eine Freundin, Anke, die Sie sehr mag. Sie dagegen mögen Anke nicht, was aber Kerstin nicht weiß. Anke lädt oft ein und erwartet dann, dass Sie mit Kerstin zusammenkommen. Sie klären die Situation so:

a. »Es ist schon genug, wenn ich Anke auf deinen Festen sehen muss. Auf keinen Fall will ich auch noch mit zu ihren Festen gehen müssen!« B B F

b. »Du weißt ja, dass ich meine Probleme mit Anke habe. Deshalb gehe ich lieber nicht mit.« A C D F

c. »Wenn du es möchtest, gehe ich gern mit. Vielleicht kannst du ein bisschen auf mich aufpassen, dass ich mich nicht wieder mit Anke streiten muss.« A C D

d. »Ich gehe gern mit, Anke ist ein Geschenk für mich: Ich kann üben, zu jemanden nett zu sein, den ich nicht leiden kann.« A E F

e. »Wenn es unbedingt sein muss, gehe ich da hin, aber ich weiß jetzt schon, dass ich schlechte Laune haben werde.« A B C

9. Ihre Mutter ruft an, weil sie wieder an Magenschmerzen leidet. Sie sei schon bei so vielen Ärzten gewesen und keiner habe ihr helfen können. Sie finden Ihre Mutter hypochondrisch und außerdem stört sie gerade. Sie sagen ihr:

a. »Ich habe heute leider keine Zeit, ich rufe dich in den nächsten Tagen an.« A B F

b. »Du brauchst dringend eine Psychotherapie!« B E F

c. »Du erzählst immer das Gleiche, lass mich endlich damit in Ruhe.« B B F

d. »Vielleicht solltest du eine schöne Reise mit Papa (oder deiner Freundin) machen!« C D F

e. »Das tut mir leid für dich. Leider kann ich dir nicht helfen.« A

10. Sie sehen im Schaufenster das wunderbare Kleid (den eleganten Smoking) – bisher sündhaft teuer – zu einem deutlich herabgesetzten Preis. Wahrscheinlich werden Sie nie die Gelegenheit haben, dieses Stück zu tragen. Sie beschließen:

a. »Ich kaufe es und werde darin wie eine Prinzessin (wie ein junger Gott) aussehen.« D D

b. »Ich kaufe es und trage es auf dem nächsten Fest. Einmal darf ich auch ein bisschen *overdressed* sein.« A D F

c. »Ich kaufe mir für denselben Preis lieber diesen wunderbaren Kaschmirpullover (Tweedjackett).« A C E

d. »Es ist immer noch zu teuer und ich brauche es nicht wirklich.« A C E

e. Ich mache ein Foto davon und klebe es in mein Tagebuch (Stelle es auf meinen Schreibtisch) als Symbol für …« A D

11. Im Urlaub bittet Sie ein Mitreisender um Begleitung bei einem großen Abenteuer (Fallschirmspringen, Paragliding, Rafting). Sie haben wohl Lust – und ein bisschen Angst und sagen:

a. »Ja, das wollte ich immer schon mal machen, allein hab ich mich nicht getraut.« A C D

b. »Das ist mir viel zu gefährlich, ich bin doch nicht verrückt.« B F F

c. »Ich überlege mir das. Bist du sicher, dass der Anbieter seriös ist?« C E F

d. »Ich täte es gern. Es geht nicht, weil mein Arzt mir jede Aufregung verboten hat. Das ist wirklich sehr schade.« A B D

e. »Vielleicht mach ich mit. Ich sehe es mir erst einmal an.« A C E

12. Ihr Chef bittet Sie, das Projekt X vom Kollegen Frühling zu übernehmen. In diesem Projekt hätten Sie gern gearbeitet, stattdessen hat man Ihnen das arbeitsintensive, aber langweilige Projekt Y gegeben. Sie entscheiden nach einem Tag Bedenkzeit:

a. Ich brauche keine Bedenkzeit, sondern schleudere dem Chef ins Gesicht:»Nein, danke! Jetzt wo der Herr Frühling krank ist, bin ich wieder gut genug. Projekt Y ist auch sehr interessant!« B B F

b. »Ja, gern, das interessiert mich sowieso.« A D

c. »Ja, gern, ich muss dann leider das Projekt Y abgeben.« A D F

d. »Nein danke, ich habe mich gut in das Projekt Y eingearbeitet und habe ein so kompetentes und freundliches Team.« A C F

e. »Ich wollte sowieso mit Ihnen über eine Gehaltserhöhung sprechen.« B E F

13. Sie sitzen gemütlich mit einem Glas Wein und einem wirklich spannenden Buch auf der Couch, als Ihr Mann (Ihre Frau) Sie zum dritten Mal bittet, ihm / ihr etwas aus der Küche zu holen. Normalerweise erfüllen Sie so kleine Bitten gern. Jetzt sagen Sie:

a. »Lass mich endlich in Ruhe mein spannendes Buch lesen!« B D

b. »Na gut, das ist aber das letzte Mal.« B C F

c. »Ich bin schon so oft gegangen jetzt kannst du mal selber gehen.« A E

d. »Ich bin aber nicht dein Dienstmädchen.« B B F

e. »Ja, wenn du mir die nächsten zehn Seiten vorliest!« A D

14. Ihre Freundin erzählt zum hundertsten Mal darüber, wie sehr ihr Mann sie kränkt. Früher haben Sie ganze Abende damit verbracht, sich über die negativen Seiten Ihrer jeweiligen Partner auszutauschen. Heute leben Sie in einer glücklichen Beziehung und haben keine Lust mehr, sich die ewig gleichen Klagen Ihrer Freundin anzuhören. Deshalb sagen Sie ihr:

a. »Triffst du dich eigentlich nur mit mir, um dich über deinen Mann zu beklagen?« B C E

b. »Wieso trennst du dich eigentlich nicht von ihm, wenn er doch so schrecklich ist?« B C E

c. »Ach weißt du, kein Mann ist perfekt. Und wir sind es auch nicht.« A E F

d. »Erzähl mir doch mal etwas Nettes von ihm, alles andere weiß ich schon.« A B D

e. »Du bist wirklich zu bedauern. Wie hältst du das bloß aus?« B C F

15. Eine Freundin bittet Sie, für ihre Tochter den Umzugswagen zu fahren, da Sie noch einen alten Führerschein besitzen, der das Fahren von Fahrzeugen mit einem Gesamtgewicht bis zu 7,5 Tonnen erlaubt. Sie haben so ein großes Auto schon viele Jahre nicht mehr gefahren. Sie antworten:

a. »Lieber nicht, ich hab das schon so lange nicht mehr gemacht ...« C C F

b. »Herzlich gerne, wenn das Auto vollkaskoversichert ist.« A D

c. »Aus dem Alter sind wir doch heraus. Du kannst dir sicher ein professionelles Umzugsunternehmen leisten.« B E F

d. »Klar doch, ich fahre gern große Autos! Und du sitzt bei einer Probefahrt vorn bei mir.« D D

e. »Kann das denn keiner von den jungen Leuten? Früher haben wir doch auch nicht unsere Eltern um Hilfe gebeten.« B C E

II. Testergebnisse

Zählen Sie zusammen, wie oft Sie die einzelnen Buchstaben angekreuzt haben.

Anmerkung: *Manchmal wird es Sie überraschen, welcher Ich-Anteil in der Antwort versteckt ist, zum Beispiel bei der Frage 8: In der Antwort E kann sich durchaus ein erwachsener Anteil verstecken. Wenn ich schon weiß, dass ich schlechte Laune bekommen werde, habe ich ja eine Handlungsmöglichkeit. Ich kann etwas tun, um das zu verhindern.*

In diesen Fällen habe ich dem dominanten Anteil zwei Punkte gegeben und dem verborgenen einen.

Wichtig sind nicht die einzelnen Anteile, sondern ihre Kombination.

Ich werde nicht alle möglichen Kombinationen behandeln. Sie können leicht in dem Gesagten Ihr individuelles Ergebnis finden. Lesen Sie am besten auch die Auswertungen durch, die Ihren erreichten Werten weniger entsprechen. Wahrscheinlich finden Sie noch den einen oder anderen interessanten Aspekt, der auch auf Sie zutrifft. – Und die eine oder andere Übung ist in der Auswertung auch versteckt. Ich fasse sie am Schluss dieses Kapitels noch einmal zusammen.

Die Buchstaben stehen für

A – **Erwachsenen-Ich,** also der Anteil, mit dem Sie in der Welt funktionieren. Das ist vielleicht der wichtigste Teil. Manchmal sagen mir unglückliche Menschen:»Ich funktioniere ja nur noch.« Und ich antworte:»Es ist gut, dass Sie noch *funktionieren.* Sonst könnten Sie morgens gar nicht mehr aufstehen, müssten vielleicht sogar in die Klinik.« Der Erwachsenenanteil ist also der, der uns mit dem Alltagsleben verbindet. Und es ist gut, wenn wir uns auch in Krisenzeiten auf ihn verlassen können.

Vermutlich habe Sie die höchste Punktzahl bei A erreicht. Schließlich sind Sie ja erwachsen. Sie leben das Leben eines erwachsenen Menschen mit allen seinen Anforderungen (und Freuden).

Weniger als 9 Punkte

Wahrscheinlich fühlen Sie sich öfter überfordert oder hilflos. Ihr erwachsener Anteil braucht Unterstützung. Sehen Sie weiter unten nach, welcher Anteil Ihr Erwachsenen-Ich vielleicht behindert und in welcher Weise das geschieht.

9 bis 12 Punkte

Sie können von sich sagen, dass Sie als Erwachsene gut in Ihrem Leben stehen. Gleichzeitig haben Sie Raum und Zeit für die Bedürfnisse der Inneren Kinder wie Spiele, Mutproben und Sie sind neugierig darauf, was es sonst noch im Leben gibt.

Mehr als 13 Punkte

Sie sind sehr erwachsen und gut strukturiert. Hier ist es wichtig zu wissen, ob Ihr Erwachsensein vom Inneren Kritiker diktiert ist oder ob

Sie gut integrierte Innere Kinder haben, sodass die Freude am Leben nicht verloren geht.

B – Wütendes Kind: Wenn neben dem Erwachsenen-Anteil ein Wütendes Kind agiert, kann das verschiedene Auswirkungen haben, je nachdem, welcher Ich-Anteil dominant ist.

Unter 4 Punkten
Ihr wütender Ich-Anteil ist entweder vom Ängstlichen Kind oder vom Inneren Kritiker unterdrückt – oder Sie haben Ihre Buddhanatur schon voll entfaltet.

4 bis 7 Punkte
Ihr Wütendes Kind scheint gut integriert zu sein (sofern der Erwachsene 9 Punkte o. m. bekommen hat). Das bedeutet, dass Sie sich selten ärgern, und wenn, reagieren Sie nicht unkontrolliert.

7 bis 10 Punkte
Ihnen fällt es manchmal schwer, sich zu beherrschen, besonders wenn Sie das Gefühl haben, Ihnen oder Ihren Liebsten geschähe ein Unrecht.

Mehr als 10 Punkte
Upps. Manche Menschen nennt man »Wutkugeln«. Sie sind bekannt dafür, dass sie schnell verletzt sind und dann heftigst reagieren. Hier ist es wichtig, den erwachsenen Anteil zu stärken, der das Wütende Kind ernst nimmt und ihm auf *angemessene* Weise zum Ausdruck verhilft. Das wäre besonders wichtig im Berufsleben. Das so Wütende Kind hat große Schwierigkeiten im Umgang mit Autoritäten jeder Art.

C – Ängstliches Kind: Dieser Ich-Anteil braucht viel Aufmerksamkeit. Er ist blitzschnell aktiviert, verführt Sie dazu, schneller »Nein« zu sagen, als Sie wollten – und damit dazu, manche Entscheidung nicht zu treffen, die zu treffen gut für Sie wäre.

Bis 4 Punkte
Ihr ängstlicher Teil ist angemessen ausgebildet. Es gelingt Ihnen, mit Situationen, die Ihnen Angst machen, angemessen umzugehen. Sie

meiden reale Gefahren, lassen sich aber nicht abhalten, immer wieder Neues zu entdecken.

5 bis 7 Punkte

Ist dieses sehr Ängstliche Kind mit einem schwachen Erwachsenen-Anteil verbunden, so sind Sie ein sehr vorsichtiger Mensch. Es besteht die Gefahr, dass Sie hinter Ihren Möglichkeiten zurückbleiben und nicht so viel Freude am Leben haben, wie Sie könnten. Kümmern Sie sich intensiv um die Wütenden und Starken Kind-Anteile.

Mehr als 7 Punkte

Ihre Ängstlichkeit ist deutlich zu groß. Sie brauchen ein besonders starkes Gutes Objekt – und vielleicht auch eine professionelle Unterstützung.

D – Starkes Kind

Das Starke Kind ist unser lebendigster Anteil. Hier stecken unsere Neugierde, unsere Fähigkeit zur Freude, unsere Lust zu spielen und unsere Kreativität. Auch dieses Kind braucht eine erwachsene Führung.

Bis 4 Punkte

Dieses Kind findet wenig Ihre Aufmerksamkeit. Vielleicht haben Sie bei C oder bei E viele Punkte. Damit haben Sie einen Hinweis für Ihre Arbeit mit sich selbst.

5 bis 7 Punkte

Ein gut integriertes Starkes Kind hilft Ihnen, Freude am Leben zu haben, bei Problemen nicht zu verzweifeln und Lösungen zu finden.

Mehr als 8 Punkte

Sind Sie ein Mensch, von denen andere sagen, er sei ein »Chaot«? Haben Sie viele Ideen und setzen Sie davon wenige in die Tat um? Dann haben Sie einen sehr starken, positiven Kind-Anteil. Aber Vorsicht: Manchmal handelt es sich dabei auch um einen versteckten Anteil des Wütenden, trotzigen Kindes. (Oft in Verbindung mit dem Ungeschickten Verteidiger, der ja für alles eine Entschuldigung hat.) Dieses Wütende Kind will einfach die Anforderungen eines normalen

Erwachsenenlebens nicht erfüllen. Vielleicht sind Sie ja noch jung und machen eine späte Pubertäts- oder Adoleszenzkrise durch?

Ist das Starke Kind mit einem gut strukturierten, starken Erwachsenen verbunden, sind Sie wahrscheinlich sehr zufrieden und leben im Wesentlichen ein Leben, wie Sie es sich wünschen.

E – Innerer Kritiker: Ihn kennen Sie zur Genüge. Er tritt in der Regel deutlich und auffällig in Aktion. Oft benutzt er aber auch andere Ich-Anteile, um Sie zu manipulieren. Wenn zum Beispiel das Ängstliche Kind besonders stark ist, ist es leicht vom Inneren Kritiker zu manipulieren. Dann reagieren Sie aufgrund Ihrer Angst, die Sie für realistische Vorsicht halten. Hinter dieser Angst verbirgt sich der Innere Kritiker, der sagt: »Du kannst das sowieso nicht ...«

Bis 3 Punkte

Ihr Innerer Kritiker ist eher leise, vielleicht schon versöhnt. Sie dürfen ihn manchmal anhören – nachdem Sie geprüft haben, ob er sich nicht hinter einem anderen Ich-Anteil verbirgt.

4 bis 7 Punkte

Ein deutlicher Innerer Kritiker, der sich regelmäßig bemerkbar macht, aber wahrscheinlich wenig manipuliert. Sie können ihm antworten – als Erwachsener oder mit Unterstützung des Guten Objekts.

Mehr als 8 Punkte

Sie haben genau das Richtige getan, als Sie dieses Buch gekauft haben. Machen Sie diesem Kerl klar (oder ist Ihr Innerer Kritiker weiblich?), dass Sie erwachsen sind! Beschäftigen Sie sich viel mit den Übungen, die den Erwachsenen-Anteil bewusst machen und stärken.

F – Ungeschickter Verteidiger: Er arbeitet zusammen mit dem Inneren Kritiker, kooperiert mit den ängstlichen und wütenden Anteilen. Manchmal ist er schwer zu identifizieren.

Bis 3 Punkte

Ihr Ungeschickter Verteidiger ist zu vernachlässigen. Sie stehen zu sich und möglichen Fehlern, Sie gebrauchen keine Ausreden.

4 bis 7 Punkte

Manchmal sind Sie versucht, sich hinter anderen zu verstecken und wie ein Kind zu sagen:»Ich war's nicht.« Das kann ganz lustig sein, wenn Sie zum Beispiel am voll besetzten Tisch ein Glas umstoßen.

Mehr als 7 Punkte

Kennen Sie den Satz:»Du hast auch für alles eine Erklärung«? Oder sogar die Steigerungsform:»Du findest auch immer eine Ausrede.« Dann ist der Ungeschickte Verteidiger in Ihnen besonders stark und es verbirgt sich wahrscheinlich ein Ängstliches Kind dahinter, das sich vor Strafen fürchtet.

Da hilft nur ein ausführlicher innerer Dialog zwischen diesem Kind und einem starken, beschützenden Erwachsenen. Ist dieser (noch) nicht vorhanden, greifen Sie auf Ihr imaginiertes Gutes Objekt zurück. Und machen Sie dem Ungeschickten Verteidiger klar, dass er so nicht besonders hilfreich ist. Er bekommt aber eine Chance: Lassen Sie ihn nach Gründen suchen, warum dieses Kind so ängstlich ist.

Was bei der Testauswertung zu beachten ist:

1. Achten Sie bei der Auswertung darauf, welcher Ich-Anteil sich verbergen könnte: Wo versteckt sich ein Ängstliches Kind hinter dem Inneren Kritiker, ein Wütendes Kind hinter einer scheinbar erwachsenen Reaktion.

2. Hinterfragen Sie Ihre einzelnen Testergebnisse: Warum habe ich an dieser Stelle so reagiert? Wenn Sie Lust haben, können Sie sich diese Frage zu allen fünfzehn Items stellen. Wenn Sie dabei auf Ihren biografischen Hintergrund, Gefühle und frühe Erlebnisse sehen, können Sie noch besser verstehen, warum Sie sind, wie Sie sind.

3. Versuchen Sie für die Fragen, die Sie »unerwachsen« beantwortet haben, erwachsene Lösungen zu finden. Besonders hilfreich ist es, eigene Antworten zusätzlich zu denen, die im Test vorgegeben sind, zu finden.

4. Entscheiden Sie nach Ihrem Testergebnis, um welchen Ich-Anteil Sie sich in der nächsten Zeit besonders gut kümmern wollen. Im Kapitel »Wer braucht was?« wird beschrieben, wie das gehen kann.

D. Weitere Annäherung

I. Flammende Rede des Inneren Kritikers

Nach all diesen kritischen Bemerkungen hält der Innere Kritiker eine flammende Rede:

So, darf ich jetzt auch mal was sagen? Andere Angeklagte bekommen ja einen Verteidiger vor Gericht. Auf den Ungeschickten Verteidiger kann ich wohl verzichten, und das Gute Objekt steht selten auf meiner Seite. Es versucht immer, mich zu beschwichtigen, und ich habe manchmal das Gefühl, nicht ernst genommen zu werden. Dabei gebe ich mir solche Mühe, bin Tag und Nacht aufmerksam und besorgt um dich. Ich meine es doch nur gut mit dir, das müsstest du doch inzwischen wissen. Wie viele Fehler hättest du schon gemacht, wenn ich nicht auf dich aufgepasst hätte. Na ja, manche hast du dann trotzdem gemacht, weil du dir von mir nichts sagen lassen wolltest. Ich denke da an das, was du deine wilde Jugend nennst. Und vor mancher deiner gescheiterten Beziehungen hatte ich dich gewarnt. Ich habe dich vor so vielen Gefahren beschützt. Oft hast du auf mich gehört, und so dachte ich, wir hätten ein gutes Verhältnis. Und nun erfahre ich, dass du dich von mir unterdrückt, eingeengt, geschwächt – und was sonst noch alles – fühlst.

Du hast viel darüber gesagt, woran ich dich hindere. Erlaube mir also nun, dazu Stellung zu nehmen, und zwar Punkt für Punkt! Ich soll dich daran hindern, ein fröhlicher, selbstsicherer Mensch zu sein. Das ist doch Unsinn, ich will ja gerade, dass du das bist. Ich will dich lediglich davor beschützen, übers Ziel hinauszuschießen. Was deine Fröhlichkeit angeht: Ist die nicht manchmal zu laut? Sodass andere Menschen sich über dich lustig machen? Und sich lustig zu machen ist keine schöne Form von Fröhlichkeit! Und selbstsicher? Natürlich sollst du auch das sein. Ich will dich nur davor beschützen, dass du dich selbst überforderst – und davor, dass Leute dich für arrogant halten, wenn du lauthals verkündest, eine der besten Köchinnen von Bremen zu sein – und andere Selbstüberschätzungen. »Eigenlob stinkt« hat deine Mutter gesagt. Sie hat es nicht schön ausgedrückt, hatte aber recht. Bescheidene, zurückhaltende Menschen sind beliebter. Außerdem könntest du dich blamieren, wenn du aufgefordert würdest, deine Fähigkeiten unter Beweis zu stellen.

Ich hindere dich nicht daran, Entscheidungen zu treffen, ich weise dich einfach auf mögliche Konsequenzen hin! Zum Beispiel, dass du dir zwei große Reisen im Jahr gar nicht leisten kannst, weil du noch etwas für deine Altersvorsorge tun musst!

Du sagst auch, ich hindere dich daran, gute Beziehungen zu führen. Hast du nicht gute Freundinnen seit Jahrzehnten? Und habe ich dich nicht manchmal vor Beziehungen gewarnt und dann recht gehabt? Okay, du hättest die Konflikte in diesen Beziehungen vielleicht innerhalb der Freundschaft lösen können, statt dich zu trennen. Aber war es so nicht einfacher? So hast du mehr Zeit für die, mit denen du gern zusammen bist! Du hast wirklich zu viel zu tun, um Leuten hinterherzulaufen. Und warum willst du auf Feste gehen, auf denen du dich nicht wohlfühlst?

Hindere ich dich wirklich daran, dich zu mögen? Du magst dich doch! Jedenfalls immer öfter, je älter du wirst. Du hast selbst gesehen, dass du nicht die Ansprüche aller Welt erfüllen musst, um ein liebenswerter Mensch zu sein. Und genau dabei habe ich dir doch geholfen, indem ich dich immer wieder vor anderen Menschen gewarnt habe. Natürlich musst du noch an dir arbeiten, aber das müssen doch alle. Du willst dich doch entwickeln, weiter wachsen, oder willst du auf der Stelle treten? Ich erinnere dich daran, dass du einmal eine Freundin hattest, die auf jede Geburtstagskarte schrieb: »Bleib, wie du bist!« Du hast dich darüber geärgert, weil diese Aufforderung keine Entwicklung zulässt. Also höre auf mich, wenn ich dich kritisiere! Das ist eine Chance, dich zu verändern und zu entwickeln! Du hast nämlich eine tolle Person in dir, die noch nicht ganz entfaltet ist.

Du sagst auch, ich hindere dich daran, andere Menschen zu mögen. Ich weiß, dein Ideal ist da der Buddha. Du willst für alle Menschen Verständnis haben, wenn du sie schon nicht liebst, dann wenigstens ein Mitgefühl. »In diesem Leben haben es alle Menschen schwer, und jeder ringt auf seine Weise darum, glücklich zu sein.« Dabei weiß ich, dass du nicht etwa Psychologin geworden bist, weil du so viel Verständnis und Mitgefühl hast, sondern eher, weil du so neugierig bist und dich gern einmischst.

Gib es ruhig zu: Manche Menschen sind einfach komisch, dumm oder sonst wie unmöglich. Sie sind so, wie ich dich nicht haben will, deshalb sollst du auch kein Verständnis für sie haben.

Was habe ich damit zu tun, dass es andere Menschen gibt, die dich nicht mögen? Falls es die gibt, liegt es sicher daran, dass du nicht auf meine Ratschläge hörst! Ich habe verstanden, dass du dich von mir eingeengt, bevormundet, kleingemacht (und was sonst noch) fühlst. Am liebsten würdest du mich aus deinem Leben ganz und gar entfernen. Das kann ich fast schon verstehen, wenn ich aus deiner Sicht auf unser Verhältnis gucke. Du willst kein kleines Kind mehr sein, an dem ständig jemand etwas auszusetzen hat.

Du siehst das ganz einseitig! Und so muss ich dir sagen, dass in diesem Fall ich mich ungerecht behandelt fühle. Eigentlich hätte ich ein wenig Anerkennung für meine langjährigen treuen und unermüdlichen Dienste verdient! Ich war stets wachsam. Wenn du ehrlich bist, musst du zugeben, dass du ohne mich leicht hättest verloren gehen können. Du brauchst mich, sieh das doch ein!

Gut, ich bin manchmal über das Ziel hinausgeschossen. Das geschah rein aus Sorge um dich. Müttern passiert das auch manchmal, sogar den besten. Sie schreien ihre Kinder an, wenn sie sich in Gefahr begeben. Sie ziehen sie mit hartem Griff von einer Mauer, weil sie Angst haben, ihrem Kind könnte etwas passieren. Sie verbieten ihren Kindern den Umgang mit manchen Spielgefährten, weil diese vielleicht einen schlechten Einfluss ausüben könnten. Das ist sicher übervorsichtig, und es hat mit Liebe zu tun.

Du sagst, dass ich oft zu streng bin. Aber habe ich nicht im Prinzip oft recht?

Hier ist eine Übung, bei der du das feststellen kannst:

Übung: Kritik relativieren

Sie kennen bestimmte Wörter, mit denen Sie Eigenschaften oder Handlungsweisen generell an sich oder anderen ablehnen oder mit denen Sie generelle Ablehnung empfangen. Diese Wörter sind unter anderem *immer* und *nie, überhaupt nicht, keine / r, alle, jede / r* usw. Gegen solche Wörter hat man wenig Chancen, sie erschweren Kommunikation und Verständnis, lassen wenig Mitgefühl zu.

Von unserem Inneren Kritiker werden sie gern verwendet, ebenso gern verwenden wir sie anderen Menschen gegenüber. Letzteres besonders dann, wenn wir verletzt und wütend sind.

Die Übung besteht nun darin, dass Sie zwei Spalten in Ihr Heft machen.

1. Schreiben Sie auf die linke Seite eine Reihe von Kritiksätzen, die Sie aus Ihrem Leben kennen. Dazu gehören die Sätze, die Sie von außen empfangen ebenso wie die Kritik des Inneren Kritikers. Die Sätze können aus Ihrer frühen Vergangenheit sein und aus Ihrer Gegenwart, das spielt keine Rolle. Zehn Stück sollten mindestens zusammenkommen.

   Beispiele: Immer singst du falsch.

   Nie hörst du mir zu.

   Du bist zu laut.

   Du hast gar keine Zeit für mich.

2. Schreiben Sie hinter diese Sätze, von wem Sie sie kennen. Das ist wichtig. Oft wird Ihnen der eigentliche Urheber nicht einfallen. Dann schreiben Sie hinter diesen Satz Ihren eigenen Vornamen. So wird Ihnen deutlich, wie viele harte Urteile Sie selbst über sich fällen – oder aus grauer Vorzeit übernommen haben.

3. Schreiben Sie nun in die rechte Spalte zu jeder dieser Kritiken eine Relativierung. Beginnen Sie jeden Satz mit einem Adverb (manchmal, selten, gelegentlich, vielleicht etc.), das die Aussage relativiert. Probieren Sie ein bisschen herum, bis Ihnen der neue Satz wahr und akzeptabel erscheint.

(Wenn Sie nicht sicher sind, können Sie den Körpertest aus den Extraübungen benutzen.) Dann klingen die Sätze aus 1. so:
Manchmal treffe ich nicht (sofort) den richtigen Ton.
Gelegentlich höre ich nicht zu, wenn ich mit mir wichtigen Dingen beschäftigt bin.
Ich rede oft laut – ich komme einfach aus einer lärmenden Familie.
Mein Vater sagte, es läge daran, weil er in einer sehr lauten Maschinen-
halle arbeiten müsse.
Vorübergehend habe ich wirklich wenig Zeit für dich, weil ich gerade
damit beschäftigt bin, ein Buch zu schreiben (mich auf eine Prüfung,
ein Gespräch, ein Fest ... vorzubereiten).

Anmerkung: *Sie stellen wahrscheinlich fest, dass die schreckliche Person, der
all diese Vorwürfe gelten, ein ganz normaler Mensch ist. Ich habe Erklärungen
zu den Relativierungen hinzugefügt. Das hat einen Grund: Die Menschen,
die Ihnen im Alltag die beschriebenen Vorwürfe machen, tun das in der Regel,
weil sie enttäuscht oder verletzt oder beides sind. Ihre Erklärung zeigt diesen
Menschen, dass Sie Gründe für Ihr Verhalten haben und dass Sie die Vorwürfe
ernst nehmen. Ihre Relativierung ist gleichzeitig auch eine Abgrenzung: So
ist es nun auch wieder nicht. Übrigens: Haben Sie gemerkt, dass bei diesen
Erklärungen der Unsichere Verteidiger sehr hilfreich ist?*

Weiter in der Rede des Inneren Kritikers:

Gut, ich bin manchmal hart und streng, aber gib zu: So ganz falsch
war mein Urteil nie! Du brauchst mich einfach, ich helfe dir, dich selbst
zu erkennen. Vor allem: Ich bin ein Teil von dir. Du kannst mich nicht
einfach wegschicken. Also höre auf, mich zu bekämpfen.

So, das war es im Wesentlichen, aber ich finde, wir sollten uns noch
ausführlich und direkt miteinander unterhalten, so in einem der Einzelgespräche. Ich bin nämlich auch nicht so ganz zufrieden. Du hörst
so oft nicht auf mich! Nur die Inneren Kinder hören wirklich auf mich.
Aber das macht mir keinen Spaß mehr. Ich will in die Welt der Erwachsenen und wirklich etwas Positives für dein Leben heute leisten!
Lass uns einen Weg finden, gut miteinander auszukommen.

II. Die erste Konferenz

Diese Konferenzen mit unseren inneren Teilen (Ego-States) können sehr anstrengend sein. Zweierlei ist wichtig: dass Sie bei den ersten Malen möglichst entspannt sind und kein drängendes, hochaktuelles oder schmerzhaftes Problem zum Üben nehmen. Und Sie sollten ein klares Gefühl dafür haben, dass es sich bei den *Personen,* die Sie sich vorstellen, um innere Anteile Ihrer eigenen ganzen Person handelt.

Vorbereitung für die erste Konferenz: Überlegen Sie sich eine Fragestellung und entscheiden Sie, wer an der Konferenz teilnehmen darf. Zur Auswahl stehen: der Innere Kritiker, der Ungeschickte Verteidiger, das Gute Objekt (den Buddha) und mehrere Innere Kinder verschiedenen Alters und Reifegrades. Die Instanz, die ICH sagt, also Sie, liebe Leserin und lieber Leser, die ich anspreche, leitet die Konferenz und hat alles zu bestimmen.

Am besten ist es, wenn Sie mit einem Blatt Papier arbeiten und ein Protokoll führen. Das Blatt für das Protokoll ist in zwei Spalten aufgeteilt. Um die Konferenz in einer ruhigen Atmosphäre beginnen zu können, können Sie vorher noch mit folgender Übung Ihre Einladung ritualisieren:

Übung: Einladung zur Konferenz

Sie sitzen entspannt auf einem Stuhl und achten auf Ihre Atmung. Ohne sich anzustrengen und ohne einzugreifen, machen Sie sich den Fluss Ihrer Atmung bewusst. Nehmen Sie wahr: »Ich atme ein, ich atme aus ...«
(**Anmerkung:** *Bis hierher ist diese Übung die einfachste aller Entspannungsübungen, dauert eine Minute und ist immer und überall anwendbar.*)
Dann stellen Sie sich vor, dass sich um Sie herum ein lichter, ruhiger Raum entwickelt, mit jeder Ausatmung wird dieser Raum klarer und konturierter. Wenn Sie mit dem Raum zufrieden sind und sich in ihm wohlfühlen, sprechen Sie Ihre Einladungen aus, selbstbewusst und auch mit Respekt für die Anteile, die Sie einladen, es sind schließlich Teile von Ihnen. Sprechen Sie – sinngemäß – etwa so:

»Ich lade dich ein, mein zorniges Inneres Kind, um dich kennenzulernen und mit dir und den anderen gemeinsam über das Thema X zu sprechen. Ich weiß, dass du zu mir gehörst, und ich freue mich, dass du da bist.« Vielleicht können Sie nicht mit gutem Gefühl sagen, dass Sie sich freuen. In diesem Fall sagen Sie: »Ich heiße dich willkommen.« Ebenso laden Sie die anderen Beteiligten ein. Dann setzen Sie sich wach und klar an Ihr Blatt Papier und führen über die Konferenz ein Protokoll.

Der Ablauf der Konferenz ist folgender: Sie stellen Ihre Frage direkt an einen der Teilnehmer und bitten um seinen / ihren Kommentar, den Sie in die linke Spalte Ihres Protokollbogens notieren. Nachdem Sie die Runde beendet haben, beginnen Sie von vorn mit der Frage: »Möchtest du noch etwas dazu sagen?«

Es soll weder eine dritte Runde geben, noch sollen die Beteiligten untereinander diskutieren. Das macht die Sache nur unklarer – schließlich sind Sie die *Bestimmerin* und es geht ja gerade darum, den inneren Streit zu beenden. Nach dieser ersten Konferenz ist es Zeit für einen kleinen Spaziergang – oder mindestens für ein paar Atemzüge am offenen Fenster.

Dann lesen Sie sich Ihre Mitschrift noch einmal durch. Sie erfahren viel über die Positionen (Härte oder Milde, Klarheit, Reife oder Unreife, Selbsteinfühlung) Ihrer Ich-Anteile.

Hier ein persönliches Beispiel: Meine Frage ist immer mal wieder: Soll ich mir die Haare lang wachsen lassen? Und so antworten meine inneren Instanzen:

1. Kleines Mädchen, ca. fünf Jahre alt, sagt: »Ja, ganz lang – und grau sollen sie auch nicht sein, und Schleifen und Spangen mit Glitzer …«
2. Pubertierendes Mädchen, 15 Jahre alt: »Das sieht total bescheuert aus. So alte Frauen wie du tragen entweder kurze Haare oder ein Kopftuch!«
3. Innerer Kritiker: »Sie drückt das etwas hart aus, aber ich finde, sie hat recht. Kurz und grau – so ist das eben in deinem Alter!«

4. Unsicherer Verteidiger: »Ja, guck mal, wie vielen Frauen in deinem Alter das kurze Haar gut steht – und du musst es nicht so oft waschen!«

5. Buddha: »Ist das wirklich eine Frage? Freue dich einfach, dass du Haare hast, und kümmere dich dankbar um sie. Gut, weil du es konkret willst: Dein Haar wird schnell dünn, wenn es länger wird. Und mit kurzen Haaren und der neuen Brille siehst du einfach gut aus!«

Puh – da fällt manchmal ein hartes Wort. Ich schließe mich der Meinung des Buddhas an – und schminke mich in Zukunft sorgfältiger, um dem kleinen Mädchen einen Gefallen zu tun.

Sie sind allerdings mit Ihrer Arbeit noch nicht fertig. Die erste Konferenz will noch nachbereitet werden. Nehmen Sie sich die einzelnen Aussagen noch einmal vor und schreiben Sie Ihre Kommentare in die rechte Spalte. Beurteilen Sie die Aussagen des jeweiligen Teils – ruhig und so objektiv wie möglich, als wenn Sie ein kleines Gutachten schreiben.

Zu meinem obigen Beispiel fallen die Kommentare so aus:

1. Die Fünfjährige: Sie ist wirklich noch klein und wäre gern eine Prinzessin – ich muss mich um diesen Teil kümmern.

2. Die Pubertierende: Da steckt noch eine ganze Menge Aggression. Womit ist sie noch nicht versöhnt? Das Wort *bescheuert* gibt mir einen Hinweis, es stammt aus der Schatzkiste meiner Mutter, der ich auch meinen verbal-aggressiven Anteil verdanke.

3. Der Innere Kritiker: Er könnte ein bisschen verständnisvoller sein, aber er ist nicht (mehr) böse.

4. Der Ungeschickte Verteidiger: Warum redet er noch mit? Eigentlich brauche ich ihn nicht mehr.

5. Buddha: Schön, dass ich dich habe! Aber manchmal kommst du mir doch eher moralisch vor. Ich dachte, du hättest Humor? Und du brauchst mich nicht so sehr zu schonen, manchmal bin ich auch für einen einfachen, klaren Rat reif genug. Sag also in diesem Fall einfach: »Kurze Haare!«

Und wenn Sie immer noch Lust haben, an diesem Thema weiter-
zuarbeiten, suchen Sie eine Instanz von oben aus und führen mit ihr ein
Zweiergespräch. Fragen Sie die entsprechende Instanz, wie sie sich bei
Ihnen fühlt und was Sie für sie tun können. Wichtig ist aber auch die
Frage:»Und was kannst du für mich tun?«Entgegen der herrschenden
Meinung ist es nicht so, als wenn nur wir uns z.B. um die Inneren
Kinder kümmern sollen, diese können auch etwas für uns tun. Mein
kleines fünfjähriges Mädchen schickt mich zum Beispiel in den Ge-
sangsunterricht und ins Ballett (dorthin allerdings nur zum Zusehen).

III. Einzelgespräche. Zweiter Teil

– Alle Einzelgespräche werden vom»Erwachsenen-Anteil«geführt –

1. Gespräch mit dem Ängstlichen Kind

Manche unserer Ängste haben so tief reichende Wurzeln, dass wir sie
nicht ergründen können. Vielleicht wurden Sie als Baby manchmal ein
wenig zu lange allein gelassen, vielleicht mussten Sie zu lange warten,
wenn Sie Hunger oder Schmerzen hatten. Dafür gibt es keine Bilder
und keine Sprache in uns, mit denen wie diese Szenen als Erinnerungen
beschreiben können. Die Gefühle, die dabei entstanden sind, erinnern
wir als – Gefühle. Deshalb gibt es manchmal keine Antwort auf die
Frage»Warum bist du nur so ängstlich?« oder auch»Warum bist du
so misstrauisch?«

Das bedeutet aber nicht, dass Sie für immer mit diesen Gefühlen
belastet sein müssen. Es gibt viele Möglichkeiten, diese Gefühle zu
beruhigen. Das geht natürlich nicht von heute auf morgen, aber Sie
haben viele Chancen, das Ängstliche Kind zu beruhigen. Sie können
es verstehen, akzeptieren, bemuttern und beschützen. Wichtig ist es,
den erwachsenen Ich-Anteil zu stärken. Wenn das Ängstliche Kind
allein gelassen wird, können Sie zum Beispiel Dinge nicht machen,
die gemacht werden müssen. Ein gutes Beispiel ist immer der Besuch

beim Zahnarzt. Ein Ängstliches Kind würde niemals zum Zahnarzt gehen, ein Gespräch mit dem Vermieter führen, Auto fahren ... Das erwachsene Ich kann es dann beruhigen und ihm sagen:»Ich finde es beim Zahnarzt auch nicht so besonders schön, aber es ist wirklich notwendig. Ich will noch lange gesunde Zähne haben! Und wenn es wehtut, halte ich das schon aus!«

Das Ängstliche Kind will niemals die Führung des Ichs übernehmen, keine Entscheidungen fällen. Wir lassen es zu oft allein. Manchmal agiert hier der Ungeschickte Verteidiger, wenn er unseren Ängsten recht gibt. Er sagt dann:»Höre auf dein Gefühl.« – Dabei handelt es sich hier um die Angst eines Inneren Kindes und nicht auf eine Intuition, die wirklich manchmal hilfreich sein kann.

Das Ängstliche Kind will also nicht, dass Sie auf es hören, aber es möchte, dass Sie in Erwägung ziehen, was es sagt. Es möchte beruhigt und getröstet werden, und das gelingt dann am besten, wenn das erwachsene Ich eine Entscheidung trifft und dann die Verantwortung dafür übernimmt. – Und es hilft, wenn Sie es sich immer wieder sagen:»Ich bin erwachsen, meine Angst ist eine Kinderangst. Ich akzeptiere sie, und ich lasse mich nicht von ihr beherrschen.«

PS. Natürlich gibt es auch reale Ängste, die Sie auf tatsächlich existierende Gefahren hinweisen. Sie können das unterscheiden!

Übung: Kontakt zum Ängstlichen Kind aufnehmen

Erinnern Sie sich an eine Zeit in Ihrem Leben, in der Sie besonders ängstlich waren?

Anmerkung: *Wenn Sie sich nicht erinnern, fragen Sie bei Ihren Geschwistern danach – Ihre Geschwister sind Ihre wichtigsten Zeitzeugen. Wenn es keine Geschwister gibt, haben Sie vielleicht Onkel, Tanten oder Nachbarn aus der Zeit. Gab es die Ängste auch schon vor der Zeit, an die Sie sich erinnern? Ihre Eltern sind in der Regel schlechte Zeugen. Wenn man sie fragt:»War ich ein ängstliches Kind? In welchem Alter? Und warum?«, fühlen sie sich häufig angegriffen und glauben, man wolle ihnen Vorwürfe machen. Lesen Sie hierzu den kurzen Exkurs über Die Eltern unserer Kindheit.*

Nun haben Sie sich Ihre frühen Ängste vergegenwärtigt. Finden Sie ein Foto von sich, das Sie möglichst genau in diesem Alter zeigt. Können Sie die Angst erkennen? In den Augen? An der Körperhaltung? Sehen Sie sich das Kind an, das Sie einmal waren, und entdecken Sie in sich ein Gefühl für dieses Kind: Vielleicht eine kleine Zärtlichkeit, vielleicht ein Mitgefühl, aber auch Scham, Schmerz oder Ärger sind möglich.

Jetzt ist es ganz wichtig, dass Sie dieses Kind mit den Augen der erwachsenen Person betrachten, die Sie heute sind. Es geht nicht darum, in einem alten Schmerz zu versinken! Sehen Sie sich in Ihrer heutigen Umgebung um, vergegenwärtigen Sie sich Ihr Alter, Ihre Position im Leben. Blicken Sie auf das Ängstliche Kind, wie ein erwachsener Mensch auf ein ängstliches Kind blickt, das er gut kennt und mag. Das fällt Ihnen leichter, wenn Sie sich ein reales Kind vorstellen, Nichte oder Neffen, das Kind einer Freundin. Sehen Sie das Kind freundlich an.

Nun beginnen Sie ein Gespräch mit ihm, nachdem Sie es freundlich begrüßt haben. Sie können es nach seinen Ängsten und Wünschen fragen. Protokollieren Sie dieses Gespräch so genau wie möglich.

2. Gespräch mit dem Wütenden Kind

Das Wütende Kind ist das Kind, das uns in vielen Situationen dazu bringt, unangemessen zu reagieren. Besonders heftig reagiert es auf Kränkungen, die uns in nahen Beziehungen geschehen, in der Partnerschaft, in engen Freundschaften, im Verhältnis zu unseren Kindern. Das liegt daran, dass in Beziehungen, in denen wir vertrauen, die psychische Abwehr, mit denen wir frühe Erfahrungen und Schmerzen von uns fernhalten, schwächer wird. Bei manchen Menschen geht das so weit, dass sie sich vom Partner abhängig fühlen wie Kinder sich von ihren Eltern. Sie fühlen sich bedürftig und haben große Ängste, verlassen zu werden. (Sie können darüber noch einmal im Kapitel »Der Innere Kritiker hindert uns daran, fröhliche, selbstsichere Menschen zu sein« über die *Objektkonstanz* nachlesen.)

Nun werden Sie vielleicht sagen, das sei doch eher ein Fall für das Ängstliche Kind. Das stimmt! Viele Menschen, die in ihrer Kindheit unter Ängsten leiden mussten, haben einen Beschützer entwickelt: das Wütende Kind. Und das war gut so, weil Wut viel leichter zu ertragen ist als Angst.

Das Wütende Kind ist nicht nur das Kind, das schreit, sondern alle kindlichen Verhaltensweisen (heute nennt man sie gern Verhaltensstörungen oder -auffälligkeiten), die eher destruktiv sind wie Stehlen, Fortlaufen, das Zerstören von Dingen. Aus dem Test wissen Sie, wie stark das Wütende Kind in Ihnen ist. Dies ist auch ein Indikator dafür, wie viele Verletzungen aus der Kindheit noch nicht verheilt sind. Hierzu finden Sie noch ein paar Bemerkungen in dem Kapitel »Die Eltern unserer Kindheit«.

Oft ist Wut in den Familien nicht erlaubt, dann finden Kinder manchmal leise Lösungen. Da sehen wir, wie auch das Ängstliche Kind das wütende schützen kann, nämlich vor Strafe.

Ich erinnere mich an eine Szene meiner Kindheit, in der ich ganz wütend auf meinen Vater war. Ich wusste nicht, wohin mit meiner Wut. Da entdeckte ich einen unausgefüllten Lottoschein. Auf den schrieb ich ganz dick »Papa ist doof!!!« Dann bekam ich einen Schreck und kritzelte viele kleine Kringel über den Satz. Leider hatte ich nicht beachtet, dass das dick Geschriebene trotz der Versuche, es zu löschen, auf dem Durchschlag deutlich zu lesen war. Mein Vater entdeckte also den ursprünglichen Text, als er seinen Lottoschein ausfüllen wollte. Die anschließende Strafe hatte zur Folge, dass sich mein Wütendes Kind für lange Zeit versteckte und erst in der Pubertät wieder zum Vorschein kam – allerdings nie meinen Eltern gegenüber. Jedenfalls hat mir dieses Kind in Zeiten der Not viel Kraft gegeben.

Nun kommen wir zu dem Gespräch mit dem Wütenden Kind:

Übung: Kontakt zum Wütenden Kind aufnehmen

Verfahren Sie wie in der vorhergegangenen Übung:

Erinnern Sie sich an Wutszenen Ihrer Kindheit? Manchmal haben Sie vielleicht Ihre Eltern angeschrien, besonders in der Pubertät. Manchmal war Ihre Wut auch eher leise, weil sie in Ihrer Familie nicht erlaubt war. Erinnern Sie sich an Situationen, in denen Sie Wut gefühlt und vielleicht auch gezeigt haben. Haben Sie ein deutliches Bild von dem Kind von damals? Begrüßen Sie es freundlich und beginnen Sie ein Gespräch mit ihm. Sie können es nach seiner Wut, seinen Enttäuschungen und seinen Wünschen fragen.

Protokollieren Sie dieses Gespräch so genau wie möglich.

Auch das Wütende Kind will nicht allein gelassen werden. Es tut dann immer wieder etwas, was Ihnen nicht guttut. Es sagt Sätze und tut Dinge, für die Sie sich vielleicht schämen müssen, z. B. Leute beschimpfen, unfreundlich sein etc. Es will aber ernst genommen werden, es kann Sie auf Dinge hinweisen, die falsch oder ungerecht sind. Das ist nur dann hilfreich, wenn der Erwachsene die Führung behält.

3. Gespräch mit dem Starken Kind

Dieses Gespräch sollte Ihnen eigentlich am leichtesten fallen. Erinnern Sie sich einfach an viele Situationen, in denen Sie sich als Kind fröhlich gefühlt haben, geborgen im Leben und voller Lust auf Erdbeeren, Schwimmen gehen und Geschichten hören. Und was bereitet Ihnen jetzt in Ihrem erwachsenen Dasein immer noch kindliche Freude? Vermeiden Sie dabei das Wort kindisch, das ist oft eine Herabsetzung unserer kindlichen Lebendigkeit, ebenso wie die Aufforderung mancher Menschen »Sei nicht albern!« Diesem Ich-Anteil verdanken Sie viel, von der Lust am Spielen, Reisen, Laufen bis zum Spaß daran, Neues zu lernen.

Übung: Kontakt zum Starken Kind aufnehmen

Machen Sie sich wieder ein Bild oder suchen Sie in Ihrem Fotoalbum nach einem Bild von sich als Kind in einer besonders schönen Situation. Vergessen Sie für ein paar Minuten alles, was Sie im Augenblick belastet. Wie das gehen kann, zeigt Ihnen die Extraübung »Ballast ablegen«. Sehen Sie in das strahlende Gesicht Ihres jüngeren Ichs, begrüßen Sie es freundlich und beginnen Sie ein Gespräch mit ihm. Sie können es nach seinen Plänen und seinen Wünschen fragen. Wahrscheinlich kann es Ihnen etwas sagen, was Sie schon aus dem Gedächtnis verloren haben, was aber ein echter Wunsch war, wie z. B.: Ich wollte so gern mal einen großen Lastwagen oder Heißluftballon fahren; ich würde leidenschaftlich gern reiten; ich will endlich mal Karaoke singen … Protokollieren Sie dieses Gespräch so genau wie möglich.

Hier bleibt Ihnen nur, sich zu überlegen, ob Sie sich nicht den einen oder anderen Wunsch bald erfüllen wollen. Schließlich ist das starke, fröhliche Kind Ihr bester Verbündeter gegen den Inneren Kritiker, und darum ist es wichtig, den Kontakt zu pflegen.

4. Gespräch mit dem Ungeschickten Verteidiger

Der Ungeschickte Verteidiger ist eine Gestalt wie ein Chamäleon. Man kann ihn – je nach Situation – dem Ängstlichen Kind, dem Inneren Kritiker oder sogar dem Guten Objekt zuordnen, ja eigentlich allen Ich-Anteilen. Ich glaube, er ist entstanden in den Jahren unserer Kindheit, als wir anfingen, uns eine eigene Meinung zu bilden (üblicherweise Trotzphase genannt). Wir stellten fest, dass nicht alles so war, wie es die Erwachsenen behaupteten. Sie waren weder allwissend noch allmächtig. Und wir waren von ihnen abhängig. Also begannen wir, für sie nach Entschuldigungen und Erklärungen zu suchen.

Der Ungeschickte Verteidiger unterstützt das Innere Kind, indem er Argumente findet, warum es bestimmte Dinge nicht tun sollte, die getan werden müssten oder die andere Ich-Anteile sich wünschen. Er findet Entschuldigungen für das Wütende Kind und mildert die Härte des Inneren Kritikers. Sie werden in der psychologischen Ratgeber-Literatur die Figur des Ungeschickten *Verteidigers* nicht finden. Ich habe sie mir für dieses Buch ausgedacht. Die Art, so zu agieren, ist Ihnen sicher von sich selbst und von einigen anderen Menschen bekannt. (Erinnern Sie sich an den Ausdruck »Wendehals«? So einer ist das!) Ich fand, diese Figur brauchte einen eigenen Namen.

Nach dieser Beschreibung können wir sagen, dass der Ungeschickte Verteidiger nicht besonders hilfreich ist. Er bietet mehr Ausflüchte als echte Entscheidungshilfen an. Also, so könnten Sie denken, weg mit ihm, wir brauchen ihn gar nicht. Nun ja, leider funktioniert das nicht, weil er ein Teil unseres ICHs ist.

Also braucht es eine andere Lösung – wir können herausfinden, wo dieser Anteil nützlich ist:

Übung: Kontakt zum Ungeschickten Verteidiger aufnehmen

Stellen Sie sich vor, Sie befinden sich in einer Situation, wo Sie Ihr Verhalten erklären müssten, Sie sich aber nicht so sehr in die Karten schauen lassen möchten. Benutzen Sie manchmal Ausreden, Ausflüchte, sogenannte Notlügen? Dies ist keine moralische Frage, Sie stehen hier ja nicht vor einem Gericht. Wenn es Ihnen damit gut geht, ist alles in Ordnung. Wenn Sie aber bei dieser Art, Bitten abzulehnen, ein Unbehagen verspüren, könnten sie sich fragen, welche Alternativen es dazu gibt.

Die Vorteile des Ungeschickten Verteidigers allerdings können Sie sich in Ihrem sozialen Leben sehr zunutze machen. Er kann sich emotional gut einfühlen. Damit kann er uns helfen, mehr Verständnis und Mitgefühl für andere Menschen zu entwickeln.

Begrüßen Sie ihn also freundlich und beginnen Sie ein Gespräch mit ihm. Sie können ihn danach fragen, wie er Ihnen behilflich sein kann. Nennen Sie ihm Beispiele, wo das Verhalten anderer Sie nervt, ärgert und verletzt. Davon machen Sie eine lange Liste. Dann fragen Sie nach jedem Satz den Ungeschickten Verteidiger, wie er sich dieses Verhalten erklärt. Spüren Sie, wie schon etwas von Ärger und Verletztheit verschwindet?

Fragen Sie den Unsicheren Verteidiger nach seinen Wünschen. Ich glaube, er möchte Ihnen helfen, weniger streng mit sich und anderen zu sein.

Protokollieren Sie auch dieses Gespräch.

5. Gespräch mit dem Guten Objekt

Haben Sie Ihr Gutes Objekt immer bei sich? Sind Sie in Kontakt? Sie können mit ihm reden, wie manche Menschen mit einem Schutzengel reden, Sie können jede Frage stellen oder sich Rat holen. Wenn Sie es brauchen, bekommen Sie auch ein Geschenk. Das ist immer ein Hinweis darauf, wie Sie die Krisensituation, in der Sie sich gerade befinden, leichter bewältigen können. Hier zeige ich Ihnen zwei Techniken, wie Sie mit dem Guten Objekt in Kontakt kommen:

Übung: Der stete Kontakt mit dem Guten Objekt

Diese Übung muss einige Male wiederholt werden, dann ist sie sehr wirksam. Sie können zu jeder Zeit das Gefühl in sich aktivieren, erwachsen und beschützt zu sein, keine Angst zu haben und ihre Entscheidungen treffen zu können.

Stellen Sie sich immer wieder das Bild Ihres Guten Objektes vor, das Sie am Anfang Ihrer Arbeit an diesem Buch gemalt haben – oder von dem Sie vielleicht ein Foto eingeklebt haben. Fühlen Sie die Stärke, die von dieser Gestalt ausgeht, sehen Sie die Freundlichkeit und nehmen Sie die Wärme wahr. Spüren Sie in Ihren Körper hinein. An welcher Stelle ist dieses Gefühl besonders deutlich? Legen Sie Ihre Hand dorthin und lassen Sie dieses Gefühl so stark wie möglich werden. Wenn Sie das einige Mal geübt haben, reicht es, einfach die Hand an die entsprechende Körperstelle zu legen, um das gute Gefühl zu aktivieren. (In der Regel handelt es sich um eine Körperstelle, die Sie unauffällig auch in der Öffentlichkeit – im Meeting, im Gespräch etc. – berühren können.)

Vielleicht kommt Ihnen die Idee des Guten Objekts ein bisschen merkwürdig vor und Sie fühlen sich unbehaglich bei dieser Idee. Deshalb hier eine kurze, rationale Erklärung: Das Gute Objekt ist ein innerer Anteil, der in der Regel nicht bewusst ist und zu dem wir oft keinen Kontakt haben. Manche Theorierichtungen nennen es »das Selbst«. Das Selbst ist im Gegensatz zum bewussten, agierenden Ego ein ruhender, gesunder, weitgehend neurosefreier Ich-Anteil. Wenn in verschiedenen Religionen gefordert wird, sich vom Ego zu befreien, ist genau das gemeint: zu seinem authentischen Selbst zu finden. Sie können dieses Selbst in einem entspannten Zustand erreichen und es als Ihren Ratgeber betrachten. Diesen dürfen Sie natürlich fragen, so oft Sie wollen, ohne sich lästig zu fühlen. Im Grunde fragen Sie ja einfach sich selbst, nur nicht auf der rein rationalen Ebene. Sie können diese Instanz auch als die Quelle Ihrer Intuition verstehen – oder eben als Ihre Buddhanatur.

Sollte Ihnen der Kontakt schwerfallen, so hilft Ihnen die nächste Übung, eine Beziehung zum Guten Objekt zu beginnen:

Übung: Begegnung mit dem Guten Objekt

Nehmen Sie sich für diese Übung ein bisschen Zeit. Begeben Sie sich in eine entspannte Position. Atmen Sie einfach ein und aus, beobachten Sie Ihre Atmung, ohne etwas zu verändern. Dann stellen Sie sich vor, Sie liegen auf einer Decke oder in einer Hängematte irgendwo an einem friedlichen Ort in der Natur. Sie genießen diesen Ort und beginnen mit folgender Entspannungsübung: Ohne die Atmung zu verändern, imaginieren Sie, dass Sie beim Ausatmen Ängste und Spannungen loslassen und beim Einatmen die Ruhe dieses Ortes in sich aufnehmen.

Dann nehmen Sie eine helle Gestalt wahr, die auf Sie zukommt und Sie freundlich begrüßt. Sie lässt sich neben Ihnen nieder, und Sie spüren die Ruhe ihrer Gegenwart. Nach einer Weile sagt sie:»Ich freue mich, dass du mich gerufen hast, und bin immer für dich da.«

Dann reicht sie Ihnen ein in ein Tuch geschlagenes Päckchen. Sie können sich bedanken, wenn Sie wollen, und sich verabschieden. Mit einem Lächeln verschwindet die Gestalt, und Sie packen Ihr Päckchen aus. Nachdem Sie herausgefunden haben, was es mit diesem speziellen Geschenk auf sich hat, beenden Sie die Übung.

E Auf dem Weg zu Versöhnung und Integration

I. Ausführliches Gespräch mit dem Inneren Kritiker

Über den Inneren Kritiker gibt es nichts Neues zu sagen. Wir haben ihn genau betrachtet. Wir haben gesehen, woran er uns hindert, und auch, warum er das tut. Jetzt geht es darum, die verhärteten Fronten aufzuweichen. Sie möchten nicht mehr durch Ihr Leben gehen mit dem (fast) ständigen Gefühl, etwas falsch zu machen. Dabei sollen Ihnen die folgenden Übungen helfen. Sie sind die wichtigsten Übungen in diesem Buch, und es spricht einiges dafür, sie für ein paar Wochen regelmäßig zu wiederholen. Sie können diese Übungen immer wieder aufnehmen, wenn das Unbehagen, die Zweifel an Ihrer Kompetenz, an Ihrem Charakter, kurz, an Ihrem »Richtig-Sein« wieder auftauchen.

Wir kommen also jetzt zum Kern (oder zur letzten Schale der Zwiebel) in diesem Buch, zur direkten Arbeit mit dem Inneren Kritiker.

Übung: Den Inneren Kritiker entschärfen

Erinnern Sie sich an das Bild, das Sie von Ihrem Inneren Kritiker gemalt haben? Schließen Sie die Augen und stellen Sie sich dieses Bild vor. Achten Sie dabei auf Ihr Gefühl. Macht er Ihnen immer noch Angst, ist er immer noch das Monster, als das Sie ihn kennengelernt haben? Oder können Sie ihn inzwischen anders sehen, als einen strengen, vielleicht auch harten, manchmal sogar zynischen Kerl, der es aber wirklich gut mit Ihnen meint? Sollten Sie diesem veränderten Bild gar nicht auf die Spur kommen, hilft es vielleicht, das Kapitel »Warum der Innere Kritiker tut, was er tut« noch einmal anzuschauen.

Dann nehmen Sie sich das von Ihnen zu Beginn Ihrer Arbeit hergestellte Porträt – und verfremden es, indem Sie es »verfreundlichen«: Lassen Sie ihn lächeln, mit den Augen zwinkern, binden Sie ihm einen bunten Schal um. Was immer Ihnen einfällt: Holen Sie den Inneren Kritiker aus der Monsterecke heraus. Tun Sie es, auch wenn Sie diesen Weg innerlich noch nicht mitgehen. Lächeln Sie dem neuen Bild zu und sagen Sie ihm:»So schrecklich, wie du immer tust, bist du gar nicht.«

Bei der nächsten Übung hilft es Ihnen, sich noch einmal der Gegenwart des Guten Objekts (oder auch des erwachsenen Ichs) zu versichern. Da ist ein Teil in Ihnen, der gar keine Angst hat, der die Situation bewältigen kann. Jetzt wenden wir uns dem, was der Innere Kritiker uns vorwirft, Sätze, mit denen er uns das Leben schwer macht, direkt zu.

Übung: Den Inneren Kritiker mit seinen Sätzen konfrontieren
Erinnern Sie sich an die Liste mit bösen Bemerkungen über Sie, die Sie auf den ersten Seiten Ihres Arbeitsheftes gesammelt haben?
Nehmen Sie sich diese Liste noch einmal vor. Wählen Sie ein paar Aussagen, die Sie besonders verletzen – aber nicht mehr als fünf! Fragen Sie den Inneren Kritiker der Reihe nach bei jedem dieser Sätze (und vergessen Sie nicht, im Erwachsenenmodus zu bleiben!).
Hast du das ernst gemeint?
Wenn ja, dann relativiere es und drücke dich freundlicher, konstruktiver aus.
Schreiben Sie diese neuen Sätze auf.
Anmerkung: *Diese Übung ähnelt der Übung»Kritik relativieren«. Der Unterschied ist, dass Sie hier in direkte Konfrontation mit dem Inneren Kritiker gehen und ihn die Arbeit der Relativierung tun lassen. Natürlich hilft ihm Ihr erwachsener Anteil dabei.*

Hat sich Ihr Innerer Kritiker bei der letzten Übung als kooperativ erwiesen? Haben Sie also ohne Schwierigkeiten mildere Formulierungen gefunden oder sogar Kritiken ganz aus der Welt schaffen können? Dann sind Sie bereit für den ersten Schritt zur Versöhnung mit dem Inneren Kritiker. Versöhnung heißt: Er hört auf, sich ständig einzumischen. Wenn er das nicht sofort schafft, nehmen Sie ihm das Versprechen ab, damit aufzuhören, sobald Sie laut und deutlich »Stopp!« sagen. (In der Öffentlichkeit sagen Sie vielleicht leise »Stopp!«, aber nicht weniger energisch.) Als Gegenleistung erhält der Innere Kritiker die Erlaubnis, Sie unterstützen zu dürfen. Das bedeutet, wenn Sie in einer Sache sehr unsicher sind, bitten Sie ihn, ohne Aggression und Entwertung, dafür klar und deutlich seine Meinung zu sagen. Wenn das erwachsene Ich ihm dabei zur Seite steht, kann er Ihnen helfen, zu klaren Meinungen und/oder Entscheidungen zu kommen.

II. Versöhnung

1. Vom (persönlichen) Nutzen der inneren Instanzen

Eigentlich wissen Sie es jetzt ja schon. Da unser Gehirn träge ist und sich neue Wege nur dadurch bilden, dass man sie häufig genug geht, gibt es hier eine Wiederholung, Zusammenfassung und, was besonders wichtig ist, eine Interpretation, die für Sie persönlich gilt. Denn auf dieser Basis können Sie leichter weiterarbeiten mit allem, was bisher eher allgemein gesagt worden ist. Für die Bearbeitung dieses Kapitels benötigen Sie ein wenig Zeit, Sie können es in mehreren Etappen tun. Ich halte es für ganz wichtig, diese Aufgaben abzuschließen, ja sogar sie gegebenenfalls in größeren Abständen von einigen Wochen zu wiederholen – für eine Weile, bis Sie sich ganz sicher fühlen. Es geht ja darum, diesen Ich-Anteilen nicht mehr die Führung zu überlassen, sie auch nicht auszuschließen, sondern sie zu verstehen und zu integrieren.

Fangen wir gleich mit dem Inneren Kritiker an.

Er hat uns lange gequält. Inzwischen wissen wir, wie er entstanden ist. Und zwar so, ganz kurz gesagt: Er setzt sich zusammen aus Anforderungen der Erwachsenen unserer Kindheit, hauptsächlich Eltern und Lehrer. Genährt wurde er durch unsere eigene kindliche Erkenntnis, nicht alles zu können (nicht »omnipotent« zu sein). Die manchmal strengen Regeln und Maßstäbe unserer eigenen Peergroup taten das Ihrige dazu. Der Innere Kritiker nahm nicht wahr, wie wir erwachsen wurden, und behielt seine Strenge bei – oft in der Absicht, uns beschützen zu müssen.

Jetzt haben Sie die oben angekündigte Aufgabe, diese kurze Theorie zu »personifizieren«. Schreiben Sie eine Liste, wovor der Innere Kritiker Sie als Kind – oft erfolgreich – beschützt hat. Und anschließend schreiben Sie hinter jeden Satz eine Zahl von eins bis sechs. Eins bedeutet: gilt gar nicht mehr. Weil Sie sich in diese Gefahr nicht mehr begeben, weil sie das sowieso nicht getan haben oder weil es jetzt, für Sie als erwachsenen Menschen, gar keine Gefahr mehr ist.

Sechs, das andere Extrem, bedeutet, dass es sich um eine reale Gefahr handelt, zum Beispiel um eine Selbstüberschätzung, die Sie in gefährliche Situationen bringen kann – und dass Sie hier den Inneren Kritiker noch brauchen.

Als Nächstes nehmen Sie sich den Ungeschickten Verteidiger vor. Bei welchen Gelegenheiten setzen Sie ihn (noch) ein, um nicht »die Wahrheit« sagen zu müssen? (Beispiel: »Ich kann nicht mit dir in den Zirkus gehen, weil ich eine Allergie habe« statt: »Diese Veranstaltung interessiert mich nicht.«)

Manchmal kann es gut sein, nicht mit dem herauszuplatzen, was man im Allgemeinen die Wahrheit nennt. Das gilt, wenn es um etwas Persönliches geht, das Sie nicht jedem mitteilen wollen – und wo Sie sonst fruchtlose Diskussionen fürchten müssen. Ihr Ungeschickter Verteidiger ist sehr geübt und schnell. Es wäre schon gut, ihn unter Kontrolle zu haben. Er könnte sich sonst als schädlich für Ihre Beziehungen erweisen. Das wäre so, wenn Ihre Freunde das Gefühl bekämen, Sie benutzten ziemlich oft Ausreden, statt Ihre wirklichen Gründe zu sagen. So kann ein Vertrauensverhältnis erschüttert werden. Nicht zu vergessen: Der Ungeschickte Verteidiger hindert Sie ein bisschen daran, erwachsen zu werden. Dazu gehört, (leider) unverzichtbar, die Verantwortung für das, was wir tun, zu übernehmen.

Fertigen Sie also wieder eine Liste an: In welchen Situationen benutze ich Ausreden, um einer Diskussion zu entgehen oder etwas Persönliches für mich zu behalten. Und die Punktebewertung – wieder von eins bis sechs – bedeutet:»Diese Ausrede ist albern / überflüssig und ich brauche sie nur aus Gewohnheit« (eins). Bis hin zu:»Da will ich keinem Menschen die Wahrheit sagen – warum auch immer; und ich entscheide das als erwachsene Person« (sechs).

Es ist beim Ungeschickten Verteidiger immer wieder zu prüfen, ob er gerade mit dem Ängstlichen Kind oder mit dem Erwachsenen-Anteil verbündet ist. Im ersten Fall machen Sie ihm klar, dass für das Ängstliche Kind Sie selbst zuständig sind, also Ihr erwachsenes Ich. Sehen Sie sich Ihre Liste an und sagen sie ihm:»Nur in diesen Punkten brauche ich dich noch!«

Beim Guten Objekt gilt es, noch einmal genau hinzuschauen, wo Sie es vielleicht mit dem Ungeschickten Verteidiger verwechseln. Auch dieser Ich-Anteil braucht hin und wieder eine Erinnerung daran, dass Sie jetzt kein Kind mehr sind und dass Sie weniger Schutz brauchen als vielmehr einen Ratgeber. Erinnern Sie sich an Situationen – vielleicht im Laufe der Arbeit mit diesem Buch –, in denen Sie sich vom Guten Objekt gut unterstützt gefühlt haben.

Viele Schwierigkeiten auf dem Weg zum selbstsicheren, mutigen und entscheidungsfähigen Erwachsenen macht uns immer wieder das Ängstliche Kind. Natürlich will ich damit nicht sagen, dass Sie nicht erwachsen sind. Sie erinnern sich: Natürlich haben Sie (auch) diese Anteile, im Beruf, als Mutter und Vater, in den verschiedenen Rollen. Aber: Es könnte alles so viel leichter sein, wären da nicht die leisen oder manchmal auch lauteren Stimmen überflüssigen Zweifels, die Unentschiedenheit, die so viel Kraft kostet, das Ganze»Wenn und Aber«.

Das Ängstliche Kind verbündet sich gern mit dem Inneren Kritiker. Damit kann es seinen Bedenken und Befürchtungen mehr Nachdruck verleihen – und oft genug im Chor der inneren Stimmen die Führung übernehmen.

Nun habe ich aber gesagt, dass alle inneren Anteile einen Sinn haben und wir sie uns zunutze machen können. Wozu soll also das Ängstliche Kind noch gut sein, wenn es doch einen starken Erwachsenen gibt, der die Konferenz leitet? Dabei ist gerade das Ängstliche Kind im Erwachsenen wichtig! Es weist uns darauf hin – und zwar völlig aggressions- und wertfrei –, dass wir auch zarte, schwache, empfindliche Seiten haben, die es zu schützen gilt. Diese Seiten sind wichtig, um bei aller Stärke und Fähigkeit, unser Leben zu gestalten, auch (mit-) fühlende, empfindsame Menschen zu bleiben.

Darum schreiben Sie jetzt eine Liste von Eigenschaften, die Sie manchmal als Schwäche erleben, die Sie aber auch als Empfindsamkeiten bezeichnen können und die zu Ihnen als ganzheitliche, aufrechte Persönlichkeit einfach dazugehören.

Bei dieser Aufgabe kann Ihnen auch das Wütende Kind helfen. Dieses Kind kann, wenn es die Leitung übernimmt, sehr destruktiv sein und in Ihrem Leben einigen Schaden anrichten, wenn es zum Beispiel andere Menschen im Falle akuter Verärgerung beschimpft. Trotzdem bleibt Wut ein akzeptables Gefühl, es fragt sich nur, ob wir das Wütende Kind in uns so weit im Zaum haben, dass wir dieses Gefühl angemessen ausdrücken können. Besonders für die Wut gilt, zuerst einmal zu prüfen, was ihr Hintergrund ist. Entspricht das Ausmaß an Wut, das ich gerade spüre, dem akuten Anlass? Oder wird diese heftige Wut aus anderen Quellen gespeist? Erinnert mich das, was gerade geschehen ist, an Ungerechtigkeiten, die mir in meiner Kindheit zugefügt worden sind? Dann gilt es zuerst, liebevoll und geduldig das Wütende Kind zu beruhigen. (»Einfühlung geben« – dazu verlässt man am besten erst mal die Bühne).

Auch im Erwachsenenleben bleibt genug übrig, über das man wütend sein kann. Machen Sie sich eine Liste: »Anlässe, die einen erwachsenen, angemessenen Grund geben, wütend zu sein.« Und schreiben Sie am besten gleich daneben, wie Sie in einer aktuellen Situation Ihrer Wut oder Ihrem Ärger einen angemessenen Ausdruck geben. Das Wütende Kind kann Ihnen helfen, die Dinge nicht hinzunehmen, die Sie nicht mögen und die zu ändern sind. Sie kennen sicher das folgende Gelassenheitsgebet: »Gott gebe mir die Gelassenheit, Dinge hinzunehmen, die ich nicht ändern kann, den Mut, Dinge zu ändern, die ich ändern kann, und die Weisheit, das eine vom anderen zu unterscheiden.« Für den mittleren Teil ist das Wütende Kind zuständig. Es erkennt als erstes Ungerechtigkeiten.

Wenn sich das Wütende Kind dann mit dem Starken Kind zusammentut – und beide in gutem Kontakt mit dem erwachsenen Ich sind –, können sie viel in ihrem Leben bewegen. Das Starke Kind ist nicht einfach körperlich stark, es ist auch kreativ, voller Fantasie und Mitgefühl. Das ist genau der Anteil, der Ihnen in Notsituationen hilft, Zivilcourage zu zeigen. Es entwickelt die Ideen, die Sie brauchen, wenn Sie etwas Neues beginnen wollen. Und es hat Humor, damit kann es Ihnen helfen, den Äußerungen des Inneren Kritikers die Spitze zu nehmen.

In Ihrer Liste zum Starken Kind dürfen Sie zwei Spalten machen: Situationen, in denen Sie das Kind spüren und genießen, wie es handelt, und Situationen, in denen Sie sich wünschen, mehr von der Stärke des Kindes wahrnehmen zu können.

Am Ende dieser Übungen sehen Sie sich Ihre Ego-States noch einmal an, wie sie da sitzen in fröhlicher Runde. Sie symbolisieren die Vielfältigkeit Ihrer Person und Ihrer Möglichkeiten. Sie sind mit allem ausgestattet, was Sie brauchen, um ein zufriedener, selbstsicherer, freundlicher und mitfühlender Mensch zu sein. Wenn wir das verstanden haben, fällt es uns auch leichter, dankbar zu sein – auch unseren Eltern gegenüber. Schließlich ist aus uns doch »etwas geworden«! Und alles, was in der Vergangenheit geschehen ist, hat dazu beigetragen, dass wir der besondere Mensch geworden sind, der wir heute sind.

2. Die Eltern unserer Kindheit

Ich arbeite als Psychotherapeutin auf tiefenpsychologischer Basis. Bei dieser Methode geht es darum, aktuelle, sich wiederholende Konflikte zu verstehen, indem man sich die Kindheit ansieht. Fast immer findet man dort die Gründe. Diese liegen nicht nur in so auffälligen Unzulänglichkeiten wie Misshandlungen und Vernachlässigungen. Fehlende Zärtlichkeit und Akzeptanz sind für die kindliche Seele ebenso schmerzhaft wie allein gelassen zu werden. Depressionen, Wut und

Angst sind Indikatoren dafür, wie viele Verletzungen aus der Kindheit noch nicht verheilt sind.

Manche Situationen sind für uns als Kinder so schmerzhaft, dass wir die Gefühle nicht dauernd ertragen können. Die Psyche ist da sehr kreativ, sie entwickelt eine Abwehr gegen diese Gefühle, um sich vor ihnen zu schützen. Dieses Abwehrverhalten behalten wir dann auch als Erwachsene bei – selbst wenn wir uns gar nicht mehr schützen müssen. Dann hindert es uns oft daran, ein zufriedenes Leben zu führen und innige, nährende Beziehungen zu unterhalten.

Das wusste schon Sigmund Freud, er schrieb darüber in dem klugen Aufsatz »Von der endlichen und der unendlichen Analyse«: »Die Abwehrmechanismen dienen der Abwehr, Gefahr anzuhalten. Es ist unzweifelhaft, dass ihnen solches gelingt; [...] aber es ist auch sicher, dass sie selbst zu Gefahren werden können. [...] Auch werden diese Mechanismen nicht ausgelassen, nachdem sie dem Ich in schweren Jahren seiner Entwicklung geholfen haben.« (Freud, 1937) Das bedeutet, wir verhalten uns noch wie ängstliche, angepasste Kinder, wenn wir längst erwachsen und autonom sein könnten.

Hier ein Beispiel: Richard kam in die Therapie, weil seine Beziehungen immer wieder scheiterten. Seine Partnerinnen warfen ihm vor, gefühllos zu sein. Dabei tat er alles für sie. Er arbeitete viel, um ihnen Geschenke machen zu können, lud sie oft zum Essen oder zu Veranstaltungen ein und zu teuren Reisen. Was die Frauen allerdings mit »gefühllos« meinten, hatte er nicht so recht verstanden. Er liebte sie doch – merkten sie das denn nicht? Und jede Trennung brachte ihn schier zur Verzweiflung.

In seiner Therapie ging es darum, wie denn seine Eltern mit seinen Gefühlen umgegangen seien. Seine Mutter war eine tüchtige, bildschöne Frau, die Richard sehr verehrt hatte – und noch verehrte. Sie war als Geschäftsführerin eines mittleren Textilunternehmens sehr beschäftigt und oft abwesend. Als Richard klein war, hatte er oft geweint, wenn seine Mutter mal wieder auf eine Geschäftsreise ging. Das war seiner Mutter unerträglich. Wir vermuteten, sie litt auch unter Schuldgefühlen. Sie schimpfte sehr mit ihm, wenn er weinte, und sagte die bekannten Sätze von Männern und Indianern, die nicht weinen, und dass sie sich einen tapferen Jungen wünsche. So beschloss Richard, keine Gefühle mehr zu zeigen. Meist fallen solche »Entscheidungen« unbewusst und sehr früh. Richard hingegen konnte sich gut an den Moment erinnern, in dem er diesen Entschluss gefällt hatte. Es war nämlich bei seiner Einschulung gewesen, als die Mutter ihm sagte, dass er nun ein großer Junge sei. Sie wünsche sich, dass er tüchtig lerne. Das war für Richard die Lösung: nicht mehr weinen und tüchtig in der Schule sein – so würde er die Liebe seiner Mutter bekommen.

Richard behielt recht. Noch heute hat er ein sehr enges Verhältnis zu seiner Mutter, sie ist stolz auf ihn, und er bemüht sich weiterhin, ihr alles recht zu machen. Nun steht er, als erwachsener Mann von über vierzig Jahren, vor einem Problem: Sein Verhalten, mit dem er doch bei seiner Mutter so erfolgreich war, hindert ihn daran, eine dauerhafte Beziehung zu einer Frau zu führen. Dabei sehnt er sich so sehr danach.

Natürlich lief der Therapie-Prozess nicht so geradlinig wie hier beschrieben. Am Anfang zeigte Richard sehr viel Widerstand gegen die möglichen Ursachen seiner Beziehungsproblematik. Waren nicht eher die Frauen schuld? Die wussten nicht, was sie wollten …

Richards Widerstand war auch deshalb so stark, weil ein Nachgeben bedeutet hätte, die Mutter mit anderen Augen zu sehen, die Idealisierung seiner Kindheit aufzugeben. Er war oft allein gewesen. Die Mutter war einfach nicht perfekt, sie hatte Fehler gemacht. Ja, um es hart auszudrücken: Sie hatte ihren kleinen Jungen emotional vernachlässigt und überfordert. Manchmal hatte sie auch unter Tränen zu ihm gesagt: »DU bist doch alles, was ich habe.« Der Vater hatte die beiden nämlich kurz nach Richards Geburt verlassen – er war »der Böse« im System dieser kleinen Familie. Deshalb wollte Richard seine Mutter weiter idealisieren.

Bei seinem Abschied von der Mutter seiner Kindheit konnte Richard sich sehr am folgenden Gedicht von Wilhelm Busch freuen. Es machte ihm Mut:

»Denkst du dieses alte Spiel
immer wieder aufzuführen?
Willst du denn mein Mitgefühl
Stets durch Tränen ausprobieren?
Oder möchtest du vielleicht
Mir des Tanzes Lust versalzen?
Früher hast du's oft erreicht;
Heute werd' ich weiterwalzen.«
(Aus: Kritik des Herzens)

Wenn im Therapieprozess die Eltern als (Mit-)Verursacher von psychischen Leiden auftreten, gibt es verschiedene Reaktionen. So wie Richard reagieren viele Menschen, nämlich mit dem Versuch, die Mutter zu schützen – und sich selbst vor der Erkenntnis, eine nicht hinreichend gute Mutter gehabt zu haben. Es kann aber auch sein, dass sich mit der Erkenntnis große Gefühle Bahn brechen, Trauer und Wut, viele Vorwürfe und Schuldzuschreibungen. Die Eltern sind der Grund, warum es mir jetzt so schlecht geht. Das lasse ich eine Weile so stehen, und wir arbeiten an den enttäuschten Wünschen und Sehnsüchten, die sich im erwachsenen Leben häufig als Ansprüche an den Partner äußern.

Irgendwann geht es dann darum, *jetzt* selbst die Verantwortung zu übernehmen. Ich zitiere dann Kurt Tucholsky, der gesagt haben soll: »Ab dreißig ist man für sein Gesicht selbst verantwortlich.« Und schließe gleich ein Zitat von meinem Freund Jan an, der die Tucholsky-Aussage relativierte: »Tucholsky war ein Bourgeoise, also sagen wir ›ab vierzig‹.« Sicher hat Jan recht, irgendwann sollte es vorbei sein, dass wir unseren Eltern Vorwürfe machen. Ganz abgesehen davon, dass sie nicht die Einzigen waren, die auf unser Schicksal Einfluss genommen haben.

Hier haben Sie die Chance, den Eltern noch einmal alles vorzuwerfen, was Sie ihnen vorzuwerfen haben – es bleibt unter uns.

Übung: Was meine Eltern mir alles angetan haben

Die Übung ist ganz einfach: Sie schreiben in eine Liste alle Vorwürfe, die Sie Ihren Eltern machen – ungefiltert und unabhängig vom Grad der Schwere. Etwa so:

- Ich musste immer mit meinen Geschwistern ins Bett, obwohl ich die Älteste war.
- Sie haben mich nicht aufs Gymnasium gehen lassen.
- Ich musste alles essen, was auf den Tisch kam.
- Sie haben mich geschlagen.
- usw.
- Dann schreiben Sie neben jeden dieser Vorwürfe, welche Bedeutung diese Verfehlung der Eltern heute noch in Ihrem Leben hat.

Oft kommt dann die Frage:»Soll ich mit meinen Eltern darüber sprechen?« Dahinter steht der Wunsch, die Eltern mögen einsehen, was sie getan haben – und möglichst etwas wiedergutmachen, damit der Schmerz einfach vorbei ist.

Ich empfehle das Gespräch mit den Eltern sehr selten, und wenn überhaupt, erst in fortgeschrittener Therapie. Zu häufig sind die Reaktionen der Eltern sehr ablehnend und kränkend und tragen keineswegs zur Heilung bei. Häufige Sätze sind:»Daran kann ich mich nicht erinnern.« –»Lass doch die Vergangenheit ruhen.« Oder, in aggressivem Tonfall:»Ja, ja, ich weiß, ich habe alles falsch gemacht.«

Eltern wissen oft um ihre Fehler und haben Schuldgefühle. Sie wissen nicht, wie sie diese bewältigen sollen, und möchten nicht darauf angesprochen werden. Wichtig ist es auch zu bedenken, dass die Eltern unserer Kindheit nicht dieselben Menschen sind, die wir heute, selbst erwachsen, als»meine Eltern« beschreiben. Die Eltern, denen wir heute vorwerfen, uns als Kind nicht ausreichend beachtet oder uns Schmerzen zugefügt zu haben, sind jüngere Menschen, befinden sich in einer ganz anderen Lebenssituation, weniger etabliert, vielleicht unsicherer, ängstlicher als heute.

Damit deutlich wird, was ich meine, machen Sie bitte folgende kleine Übung:

Übung: Meine Eltern von damals, meine Eltern heute

Teilen Sie Ihr Blatt in zwei Spalten. Die Überschriften bestehen aus exakten Jahreszahlen. Es wäre gut, wenn Sie sich an die Eltern in dem von Ihnen gewählten Jahr detailliert erinnern könnten.

So heißen die Titel etwa:

Meine Eltern 1969 und Meine Eltern 2015

Beschreiben Sie jeweils so genau wie möglich die Lebenssituation der Eltern, beruflich, emotional, sozial, in Beziehung zu Freunden, Ihren Großeltern, finanziell, Wohnsituation, Aussehen, Alter.

Haben Sie ein Gefühl dafür bekommen, dass es sich (fast) um verschiedene Menschen handelt?

Es geht hier nicht darum, sich mit den Eltern zu versöhnen oder den Eltern zu »verzeihen«. Bei der Aufforderung, den Eltern zu verzeihen, haben viele Menschen das Gefühl, ihre kindlichen Verletzungen würden ihnen ausgeredet oder sie sollten jetzt einsehen, die Eltern wären berechtigt gewesen, das zu tun, was sie getan haben. Die Arbeit an der vollständigen Versöhnung mit den Eltern bräuchte ein eigenes Buch.

Es geht nur um Sie und um den Teil Ihrer Konflikte mit den Eltern, der bei der Stärkung des Inneren Kritikers eine Rolle spielt.

Vorwürfe gegen die Eltern sind Bindungen kindlicher Natur. Wir haben oft noch in fortgeschrittenem Alter Wut auf sie oder verspüren den Wunsch, die Eltern mögen jetzt endlich anfangen, alles einzusehen, was sie uns angetan haben.

Heute geht es darum, den Eltern auf der erwachsenen Ebene zu begegnen. Wir sind nicht mehr von deren Wohlwollen abhängig. Eine Erklärung, warum die Eltern so gehandelt haben, wie sie gehandelt haben, soll nicht den Schmerz des Kindes leugnen, das wir einmal waren. Diese Erklärung kann Ihnen helfen, sich von alten Gefühlen zu befreien – und alte Verhaltensweisen aufzugeben.

So fand Richard wieder zu seinen Gefühlen, als er verstanden hatte, wie unerträglich es damals für die Mutter gewesen sein musste, ihn immer wieder allein zu lassen. Sie hatte einfach keinen anderen Weg gesehen.

Diese Erkenntnis ließ ihn auch seinen rigiden Inneren Kritiker verstehen: Der hatte ihn deshalb zu immer mehr Leistung angestachelt, weil er in doppeltem Auftrag handelte, nämlich im Auftrag der Mutter, Richard möge ein guter Schüler sein und seine Gefühle für sich behalten, und im Auftrag von Richards Wunsch, der Mutter zu gefallen.

Übung: Sich die Dinge erklären

Nehmen Sie sich noch einmal die erste Liste aus diesem Kapitel vor. Keine Frage: Es gab viele Kränkungen in Ihrer Kindheit. Werfen Sie einen Blick auf die linke Spalte der 2. Übung (damalige Situation meiner Eltern).

Versuchen Sie, so viele Kränkungen wie möglich aus der damaligen Situation der Eltern zu verstehen (nicht zu verzeihen, das wäre an dieser Stelle eine Überforderung).

Das könnte so aussehen:

· Meine Eltern waren einfach noch zu jung und mit zwei kleinen Kindern überfordert.

· Meine Mutter hat selbst so viel Gewalt in ihrem Leben erfahren.

· Sie hatten gar kein Geld, mir meine Wünsche zu erfüllen.

· Vielleicht haben Sie am Ende dieser Übung das Gefühl, Ihre Eltern haben getan, was sie konnten. Sicher haben sie viele Fehler gemacht – aber sie waren doch »genügend gute« Eltern.

Die Eltern waren oft ungeschickt, destruktiv und entmutigend bei ihrem Versuch, uns zu beschützen. Wenn wir unsere Kletterkünste ausprobieren wollten, sagten sie zum Beispiel: »Pass auf, gleich fällst du da runter!« Sie konnten einfach ihr Gefühl (ihre Angst) nicht anders ausdrücken – und schweigen erst recht nicht. Möglich wäre gewesen: »Ich bitte dich, vorsichtig zu sein, es ist schwierig, was du da vorhast.«

Verunsichernd für Kinder ist es auch, wenn ein Erwachsener versteckte Drohungen ausspricht oder widersprüchliche Botschaften sendet. »Mach, was du willst. Du wirst schon sehen, was du davon hast.« Das bedeutet: »Wenn du etwas tust, was ich nicht will, wird etwas Schreckliches passieren.« – dabei entsteht eine diffuse Angst vor dem Leben: ein guter Boden für alle Ermahnungen des Inneren Kritikers.

Natürlich hat hinter dem Schimpfen unserer Erzieher auch Liebe gesteckt. Sie haben es wirklich auch gut mit uns gemeint – so, wie sie es immer gesagt haben. Gemeint haben sie bei ihrer Schimpferei: »Ich mache mir Sorgen, dass du, wenn du das tust oder so bist, es im Leben schwer haben wirst.« Die Idee, dass die äußeren Kritiker unserer Kindheit – Eltern, Erzieher, überhaupt die Erwachsenen und ältere Kinder – es auch gut mit uns gemeint haben, ist sehr wichtig. Nur so können wir uns mit ihnen versöhnen – was nichts heißt als: Wir können aufhören, ihnen Vorwürfe zu machen, akzeptieren die Motive ihrer Handlung – und teilen ihnen mit, dass wir ihnen von nun an nicht mehr zuhören werden, wenn sie uns kritisieren. Für freundliche Hinweise aber sind wir offen.

Unser erwachsenes ICH sagt dem Inneren Kind, dass die Eltern uns ja gar nicht verlassen haben (wir leben ja!). Und selbst wenn: Jetzt kommt es nicht mehr auf die Eltern an, weil da ein ICH ist, das das Innere Kind schützt. Wir sagen also dem ängstlichen Anteil in uns: »Du musst keine Angst haben, du darfst neugierig, laut und lustig sein. ICH beschütze dich.«

In dieser Arbeit gewinnen wir neue Blicke auf die Eltern unserer Kindheit. Manchmal helfen uns dabei unsere eigenen Kinder. So hatten meine Kinder nie Angst vor meinen Eltern. Mein Sohn Florian sagte mir einmal, als ich Schreckensgeschichten über meine Mutter erzählte: »Ich mag das nicht, wenn du so über sie redest. Schließlich ist sie meine Oma, und zu mir war sie immer gut!«

Viele Eltern sind gut zu ihren Enkelkindern, und die Kinder stehen daneben, zum Teil spüren sie ihren alten Schmerz oder sogar Eifersucht. Sie denken:»Warum haben sie mit mir nicht so schön gespielt, waren nicht so geduldig ...?«Antwort:»Wenn die Eltern es damals gekonnt hätten, hätten sie es getan!«

Eine kleine Geschichte fällt mir noch ein, was geschehen kann, wenn sich der Blick auf die Eltern ändert:

Ich hatte eine Freundin, die meine Eltern nicht mochten. Wenn ich kurz etwas bei meinen Eltern zu erledigen hatte, wartete die Freundin vor der Tür. Nach einiger Zeit erlaubte mir meine Mutter, Sabine mit ins Haus zu bringen. Es kam aber lange zu keinem weiteren Kontakt. Bis meine Mutter eines Tages ein kleines (für meinen Geschmack hässliches) Brokatdeckchen von der Musiktruhe nahm, es Sabine hinhielt und sagte:»Guck mal, wie schön. Es ist so einfach zu waschen, und bügeln braucht man es auch nicht!«

Das war mir sehr peinlich, und ich schämte mich für meine Mutter und dieses blöde Deckchen. Erst Jahrzehnte später habe ich verstanden: Meine Mutter nahm den Kontakt auf, nach ihren Möglichkeiten. Heute finde ich die Geschichte nicht mehr peinlich, sondern sehr rührend. – Meine Freundin hatte sie übrigens damals schon richtig verstanden. Als ich ihr meine Verlegenheit mitteilte, sagte sie:»Aber deine Mutter wollte doch bloß freundlich zu mir sein.«

Diese Geschichte hat auch mit dem Inneren Kritiker zu tun. Sie zeigt uns, dass die harten Werturteile, die er fällt, nicht nur mit Eltern zu tun haben oder deren Kritik spiegeln. Oft übernehmen wir auch die Maßstäbe und Beurteilungen unserer Peergroup. Mit den Regeln der Gleichaltrigen konform zu sein, ist sehr wichtig. Und eine dieser Regeln ist: Eltern sind immer peinlich.

3. Die zweite Konferenz

Anmerkung: *Die Idee, innere Aspekte / Persönlichkeitsanteile miteinander reden zu lassen, ist nicht neu. Der Hamburger Kommunikationspsychologe Schulz von Thun schrieb eine Reihe von Büchern zum Thema »Miteinander reden«. 1998 erschien der Band »Das Innere Team«. Dass Ich-Anteile miteinander reden, ist auch eine wichtige Methode in der*

Traumatherapie, besonders, um ängstliche Innere Kinder zu besänftigen (s. Kumbier 2013). Inzwischen kennen Sie die Kräfte, die in Ihnen wirken. Sie können sie benennen und ihnen verschiedene Gefühle zuordnen. Sie lassen sich weniger behindern, der Erwachsenen-Anteil behält (meist) das Ruder in der Hand. Gleichzeitig wissen Sie um die Vielfältigkeit Ihrer Persönlichkeit. Sie haben vielleicht erste positive Erfahrungen vom Nutzen der einzelnen Anteile, die wir »Ego-States« genannt haben.

Hier soll es einmal exemplarisch um eine konstruktive Zusammenarbeit aller bisher besprochenen Ich-Anteile gehen. Nehmen Sie sich diesmal eine schwierigere Frage vor als bei der ersten Konferenz. Es muss sich ja noch nicht um eine sehr bedeutende Problematik handeln, aber doch um eine, die im Augenblick für Sie relevant ist. Zum Beispiel:

• Will ich wirklich mit meiner Schwiegermutter Weihnachten feiern?
• Will ich die Gestaltung für den 70. Geburtstag meiner Mutter übernehmen?
• Muss ich meinen Mann zum Betriebsausflug seiner Abteilung begleiten?
• Möchte ich mit meiner Freundin Karin in Urlaub fahren?

Ihnen wird sicher etwas Persönliches einfallen.

Dann sehen Sie sich noch einmal die Konferenzteilnehmer an, weisen ihnen einen Platz an dem imaginären Tisch zu. Sie leiten die Konferenz! Und Sie treffen letztlich die Entscheidung.

Anmerkung: *Ihre Entscheidungen sind niemals 100%ig. Wären sie das, hätten Sie sich gar keine Frage stellen müssen, kein Problem gehabt. Wenn Sie sich für etwas entscheiden, entscheiden Sie sich immer auch gegen etwas anderes. Und für dieses andere hat ja auch einiges gesprochen. Eine Entscheidung ist gut genug, wenn Ihr »Ja« auf einer Skala von eins bis zehn bei über sieben liegt, sehr gut, wenn sie bei acht bis neun liegt (1 bedeutet: das will ich auf keinen Fall, und zehn: ohne dies kann ich nicht weiterleben). Wichtig ist, dass Sie, wenn Sie sich entschieden haben, Ihre eigene Entscheidung akzeptieren. »Ich mache das jetzt so, weil ich mich so entschieden – so gewählt habe.« Sollte dann* *noch jemand Ihre Entscheidung infrage stellen, fügen Sie hinzu: »Und ich habe gründlich darüber nachgedacht!«*

Natürlich kann eine Entscheidung auch falsch sein, das stellt sich erst später heraus. Na und? Wir haben das Recht, Fehler zu machen, und sind erwachsen genug, uns dann, wenn es geschehen ist, damit auseinanderzusetzen, was jetzt zu tun ist.

Wenn Sie eine Entscheidung getroffen haben, gilt sie! Alles andere ist Vergeudung von psychischer Energie.

Weiter in der Konferenz: Für diese erste (ernsthafte) Konferenz empfehle ich die Benutzung von Karteikarten. Auf die Vorderseite schreiben Sie den Namen des Teilnehmers und was Sie von ihm erwarten. Das kann ungefähr so aussehen:

Ängstliches Kind:
Sagt, was an diesem Vorhaben gefährlich oder bedrohlich ist.

Wütendes Kind:
Sagt, warum es keine Lust zu diesem Vorhaben hat, was es daran ärgerlich findet.

Starkes Kind:
Sagt, was ihm dabei Spaß machen würde, auf welchen Teil es sich freut oder was es viel lieber machen würde.

Innerer Kritiker:
Sagt, welche Voraussetzungen Ihnen für dieses Projekt vielleicht fehlen, wo Sie Unterstützung bräuchten.

Diese vier Teilnehmer (außer Ihnen) sind unverzichtbar. Zwei andere können noch dabei sein, wenn es Ihnen guttut:

Unsicherer Verteidiger:
Beschreibt, was die anderen von Ihnen erwarten, warum Sie ausgesucht worden sind, diese Aufgaben zu übernehmen.

Gutes Objekt:
Ermuntert alle Beteiligten immer wieder, alle Gefühle wahrzunehmen, und erinnert Sie daran, keinem von ihnen einen zu großen Platz einzuräumen. Schließlich entscheiden Sie über den Konflikt – nach rationalen und erwachsenen Maßstäben!

Nachdem Sie nun alle Teilnehmer in die Spielregeln der Konferenz eingewiesen haben, gehen Sie noch einmal die Karteikarten durch und entscheiden über die Reihenfolge der Wortmeldungen. In diesem Fall darf der, der am lautesten schreit, auch als Erstes reden – weil er sonst immer wieder »dazwischenreden« würde.

Hier noch eine Regel, die für Sie als Konferenzleiter besonders wichtig ist: Weisen Sie klar und nachdrücklich alle unqualifizierten und beleidigenden Äußerungen zurück! Das kann etwas sein wie:»Was für eine blöde Idee!« Oder:»Der Chef hat die Hosen voll, jetzt sollst du die Kastanien für ihn aus dem Feuer holen.« Oder»Dazu bist du doch viel zu dumm!« Solche Sätze werden nicht notiert. Erinnern Sie den »Gesprächsteilnehmer« an seine Aufgabe. Sollte sich eine heftige Kritik wiederholen, hilft es, die Übung »Kritik relativieren« einzufügen.

Nun beginnt also die Konferenz. Sie lassen jeden Teilnehmer seine Meinung sagen und notieren diese auf die obere Hälfte der Rückseite der jeweiligen Karteikarte.

Dann gibt es eine Pause, am besten mit Bewegung. Machen Sie ein paar bewusste Atemzüge, Ihre Lieblingsyogaübung, kochen Sie sich eine Tasse Tee. Die Pause sollte mindesten zehn, maximal 20 Minuten dauern. Dann nehmen Sie sich die Karteikarten noch einmal vor. Nehmen Sie sie wahr, wie etwa ein Richter sich einzelne Zeugenaussagen anhört.

Dann schließen Sie die Augen, machen Sie sich klar, dass Sie die Bestimmerin über Ihr Leben sind. Wenn Sie mögen, verbinden Sie sich noch mit dem Guten Objekt und – fällen Sie Ihre Entscheidung JETZT.

Um das Ganze abzurunden, nehmen Sie sich noch einmal die Karteikarten vor, Sie haben sich vielleicht trotz mancher Bedenken so entschieden. In diesem Fall schreiben Sie auf die untere Hälfte der Karteikarte, wie Sie innerhalb Ihrer Entscheidung mit diesen Bedenken umgehen wollen.

Hier nur ein Beispiel: Wenn das Wütende Kind das Bedenken hatte, Sie würden sich ausnutzen lassen, kann Ihre Folgerung daraus sein: Ja, diese Gefahr besteht. Und Sie schreiben auf die untere Hälfte der

Karte: Ich werde Hilfe einfordern, wenn ich das Gefühl habe, es wird mir zu viel.

Vergessen Sie bitte nicht, sich bei den Beteiligten für die aktive Teilnahme an dieser Konferenz zu bedanken. Hört sich das merkwürdig an? Sich zu bedanken hilft mit Sicherheit, die Ergebnisse zu verankern, zu stabilisieren. Dankbarkeit bringt Sie weiter auf dem Weg zur Versöhnung. Nur ganz nebenbei gesagt, ist Dankbarkeit nicht nur ein wichtiges Buddha-Gefühl, sondern das Gefühl, das Ihre körperliche und seelische Gesundheit besonders unterstützen kann, das haben die Gehirnforscher entdeckt.

Diese »Konferenz-Technik« ist brauchbar für jede Entscheidungsfindung. Genau so durchgeführt, wie oben beschrieben, braucht sie etwa eine bis eineinhalb Stunden inklusive der Pause. Für eine wichtige Entscheidung ist das sicher nicht zu lange. Manchmal denken wir ja wochenlang darüber nach, wie wir uns entscheiden wollen. Wir kommen zu keinem Ergebnis, weil die inneren Stimmen ihre jeweiligen Argumente stetig wiederholen. Für leichtere Entscheidungen, mit ein bisschen Übung und nur einer kleinen Atempause kommen Sie in wenigen Minuten zu einem authentischen Entschluss.

4. Einübung in akzeptierenden Umgang

a. Ich bin, wie ich bin

Veränderungen sind schwer und dauern lange. Unser Gehirn hat sich im Laufe der Jahre eingerichtet, und es ist festgelegt wie eine Landkarte. Die Straßen sind unsere Gewohnheiten, unsere üblichen Reaktionen auf das, was geschieht. Und wir hatten gute Gründe, diese Straßen anzulegen, wie ich in dem Kapitel »Die Eltern unserer Kindheit« beschrieben habe. Neue Straßen zu kreieren (und dann auch zu benutzen) kann lange dauern.

Das bedeutet aber auch: Änderung ist möglich. Sie braucht Zeit und Geduld und besonders die Akzeptanz dessen, was gerade ist. Uns selbst zu verurteilen ist eine Verhaltensweise des Inneren Kritikers. Sie führt nicht zur gewünschten Veränderung, sondern zu Selbstzweifeln und

Selbstverachtung. Wir verbrauchen unsere Energie im Widerstand gegen das, was gerade ist, statt sie für eine Veränderung zu nutzen. Dabei wissen wir schon aus der Grundschule, dass es wenig Sinn macht, uns das falsch geschriebene Wort einzuprägen, um sicher zu wissen, dass es so nicht geschrieben wird. Hilfreicher ist es, die richtige Schreibweise immer wieder zu üben. Wenn wir im Laufe der Zeit ein Wort hundert Mal richtig geschrieben haben, uns eventuell noch eine Eselsbrücke dazu gemerkt haben, werden wir es nie wieder falsch schreiben.

Kommt allerdings eine Rechtschreibreform, beginnt dieser Prozess von Neuem. Und was sagen Sie, wenn Sie jemand darauf hinweist, dass man ein bestimmtes Wort so nicht mehr schreibt? Bevor Sie weiterlesen, beantworten Sie sich diese Frage.

Übung: Wie stehe ich zur neuen Rechtschreibung?

Sie könnten sagen: »Dazu bin ich zu alt.« (Selbstentwertung, Resignation)

Oder:

»Den Quatsch mache ich nicht mit.« (Reaktion des Wütenden Kindes)

Oder:

»Ich habe noch nicht alle Veränderungen verinnerlicht.« (Realistische Selbstwahrnehmung und Akzeptanz)

In der letzten Variante versteckt sich ein Zauberwort: die Wörter »noch nicht«. Sie schließen eine Veränderung nicht aus, betonen aber das Prozesshafte. So wie eine Pflanze nicht schneller wächst, wenn man an ihr zieht, so verläuft eine Entwicklung auch nicht zügiger, wenn man sie mit Gewalt zu betreiben versucht. Das heißt nicht, dass man gar nichts tun kann. Was für die Pflanze gilt, gilt auch für die eigene Seele: sie benötigt Unterstützung, Dünger, Schutz vor der Kälte, vielleicht einen Stab oder eine andere Wachstumshilfe. In der (freundlichen) Akzeptanz dessen, was gerade ist, liegt eine Selbstberuhigung: »Die Welt geht auch nicht unter, wenn ich so bleibe, wie ich bin, also kann ich ganz in Ruhe an der Veränderung arbeiten – einfach ›weiterwachsen‹.«

Die freundliche Selbstakzeptanz könnte sich folgendermaßen anhören (Sie erinnern sich an mein Gespräch mit Elis, in dem es um Rechthaberei ging?):

»Ja, ich bin manchmal so ... Es gefällt mir auch nicht und ich arbeite daran. Im Augenblick bin ich noch nicht anders zu haben!« Oder auch: »Ja, das weiß ich, ich fürchte, ich kann mich in diesem Punkt nicht mehr ändern. Nimm mich bitte mit dieser Eigenschaft.« Dabei finde ich es wichtig, die beklagte »Eigenschaft« nicht einen Fehler zu nennen. Sie gehört zu Ihrer Persönlichkeit und ist das Ergebnis Ihrer Geschichte. Außerdem, so haben wir in dem Kapitel »Es geht auch ohne Kritik« gesehen, hilft eine harte (Selbst-)Beurteilung niemandem. Auch Vergleiche sind wenig hilfreich: Meine Freundin A. kann das besser, meine Freundin B. ist viel klüger, C. ist schöner. Diese Vergleiche lassen sich ersetzen durch das Zauberwort: »anders«.

Hier folgt eine Übung zur Selbsteinschätzung auf Ihrem Weg zur Veränderung, die jetzt möglich geworden ist, nachdem Sie mit Ihrem Inneren Kritiker weitgehend versöhnt sind. Sie geben ihm in der Übung in vielen Punkten recht. Hätte er es nur freundlicher formuliert, wäre das Thema vielleicht schon erledigt gewesen.

Übung: Was möchte ich an mir ändern?

Schreiben Sie eine Liste mit Eigenschaften, die Sie gern an sich verändern würden – ganz ehrlich, es sieht ja keiner. Bei mir würden da so schwerwiegende Dinge stehen wie

· Ich beurteile andere Menschen oft sehr streng.
· Ich bin ungeduldig mit der Meinung von Menschen, die ihre Meinung heftig (»dogmatisch«) vertreten.
· Ich rede oft zu laut (sagt mein Mann).
...

Links davon machen Sie zwei schmale Spalten. In der ersten stehen Punkte von eins bis sechs für: Das zu verändern wäre mir sehr wichtig. Wobei eins bedeutet: gar nicht wichtig, und sechs: höchst wichtig. In der zweiten Spalte stehen Punkte für: Wie hoch schätzen Sie die Chance ein, sich in diesem Punkt zu verändern? (Achtung: keine Selbstüberforderung – im Notfall benutzen Sie die Wahrheits-finde-Übung.) Also: In der zweiten schmalen Spalte bedeutet: ein Punkt: kaum zu verändern, und sechs Punkte: ziemlich leicht zu verändern, wird mir keine Mühe machen. Dann können Sie mit der Eigenschaft beginnen, die in beiden Spalten eine hohe Punktzahl hat, beziehungsweise die gemeinsame Punktzahl sehr hoch ist (10–12 Punkte). Eigenschaften, die eine niedrige Punktzahl erreichen (gemeinsam bis zu vier Punkten), vergessen Sie einfach – jedenfalls für jetzt.

b. Andere sind auch, wie sie sind

Ich habe geschrieben, »freundliche« Akzeptanz sei für Veränderung nötig. Es gibt allerdings auch eine »aggressive« Art scheinbarer Akzeptanz. Die klingt dann so: »So bin ich eben! Da musst du dich schon dran gewöhnen. Nun lass mich in Ruhe …« Kennen Sie diesen Ton? Er weist Sie zurück, der andere hat gar nicht gehört, was Sie ihm gesagt haben, geschweige denn will er sich damit auseinandersetzen. Sie könnten ihm nun böse sein und den Kontakt abbrechen. Sie können sich aber auch Folgendes sagen: »Upps, er – oder sie – hat wohl auch einen sehr strengen Inneren Kritiker, deshalb muss er sich vor jeder Kritik aggressiv schützen. Wahrscheinlich hat er das Buch von Frau Rohwetter noch nicht gelesen. Vielleicht könnte ihm das helfen.«

Außerdem erinnern Sie sich wieder an das Kapitel, dass es auch ohne Kritik geht, und fassen Ihr wütendes Gegenüber sanfter an. Dies ist gleichzeitig eine gute Buddha-Übung: beobachten ohne zu urteilen. Das meiste, was Menschen tun und bei dem sie sich miteinander vergleichen, ist nicht besser oder schlechter, nicht richtig oder falsch, sondern anders. Manchmal können wir, statt uns zu streiten, vielleicht anerkennend sagen: »Da denkst du ganz anders als ich. So habe ich das noch nie gesehen.«

Und statt zu bewerten (»wie dumm, unreif, uninformiert ist es, so eine Meinung zu haben«), können Sie vielleicht staunen. Sie können mir glauben, eine solche Position auch nur versuchsweise einzunehmen, hat mich schon oft dazu gebracht, mein eigenes *Urteil*, das ja bekanntermaßen manchmal sehr streng ausfällt, revidieren zu müssen. Manchmal habe ich auch nur meine Vorurteile neu sortiert und warte auf den nächsten Impuls, der mich zum Staunen bringt.

Übung: Beobachten, ohne zu urteilen

Schreiben Sie Eigenschaften von Ihnen nahestehenden Menschen auf, die Sie stören. Das sollten nicht zu viele sein, wir wollen dem Negativen nicht zu viel Raum geben. Dann schreiben Sie Ihre Vermutung dazu: Warum ist dieser Mensch so, warum tut er das immer wieder? Dabei dürfen Sie gern den Ungeschickten Verteidiger um Hilfe bitten. Sie hatten ja mit ihm vereinbart, dass er Ihnen beisteht, wenn es um Verständnis für andere Menschen geht.

An dieser Stelle der Übung ist Ihr Gefühl den »Fehlern« Ihrer Lieben gegenüber sicher schon viel weicher.

Schließen Sie die Übung ab mit den Sätzen der freundlichen Akzeptanz, die Sie auch für sich benutzt haben, und ordnen Sie den einzelnen Eigenschaften wahlweise zu:

»Ja, so ist sie manchmal ... Es muss mir nicht gefallen. Es gefällt ihr vielleicht auch nicht und sie arbeitet daran. Im Augenblick ist sie jedenfalls nicht anders zu haben!« Oder auch: »Ja, ich kenne ihn, ich fürchte, er kann sich in diesem Punkt nicht mehr ändern. Ich nehme ihn also mit dieser Eigenschaft, er hat ja auch viele gute Seiten.«

In diesem Zusammenhang scheint es mir auch wichtig, kurz über den Unterschied von Akzeptanz und Toleranz zu sprechen. Es spielt nämlich eine bedeutende Rolle, ob wir etwas, uns oder andere Menschen akzeptieren oder sie tolerieren. Das ist ein sehr großer Unterschied! Wenn wir »nur« tolerieren, sind wir dem Inneren Kritiker einmal mehr auf den Leim gegangen. Wir haben zwar recht, aber wir sagen es nicht laut: Das ist Toleranz (vom lateinischen tolerare). Übersetzt bedeutet es ertragen, erdulden. Akzeptanz (vom lateinischen accipere) dagegen bedeutet, etwas annehmen, erfahren, billigen. Möchten Sie also lieber toleriert oder lieber akzeptiert werden?

Goethe hat das so ausgedrückt:»Toleranz sollte eigentlich nur eine vorübergehende Gesinnung sein; sie muss zur Anerkennung führen. Dulden heißt beleidigen.« (Ich glaube, es war in seinem»Wilhelm Meister«. Ich habe mir folgende Eselsbrücke für die Schreibweise dieses Wortes ausgedacht: Toleranz ist nicht so toll, deshalb wird sie auch nur mit einem»l« geschrieben.)

5. Über den akzeptierenden Umgang mit Kritik der anderen

Nicht alle Menschen arbeiten mit diesem Buch. Und manche können es einfach nicht lassen, Sie zu kritisieren. Oft reicht es einfach nicht zu sagen, man möchte nicht kritisiert werden. Deshalb ist die Überlegung wichtig, wie mit einer Kritik von außen umzugehen sei. Normalerweise fühlen wir uns durch Kritik verletzt. Das hat mehrere Gründe. Zum einen kann es bedeuten, dass sich die Kritik mit der des Inneren Kritiker verbindet. Dann stellen Sie Ihr Selbstwertgefühl wieder infrage. (»Bin ich wirklich richtig, so wie ich bin?«.) Manchmal finden wir uns in der Kritik auch ganz und gar nicht wieder. Dann ist die Verletzung eine des»Nicht-gesehen-Werdens«. Wir denken:»Wieso sagt sie so etwas? Kennt sie mich so wenig?«

Damit aus einer Kritik kein Beziehungsproblem entsteht, braucht es eine gewisse Selbstsicherheit und einige Gelassenheit. Und viel, viel Übung …

Zuerst ist es notwendig, eine Distanz zu der geäußerten Kritik herzustellen, also nicht aus der Verletzung heraus zu reagieren. Wenn es möglich ist, verlassen Sie die Situation für einen Augenblick:»Moment bitte, ich muss die Suppe vom Herd nehmen.« Oder:»Ich muss mir mal eben die Nase pudern.« Nehmen Sie sich dann einen Moment Zeit, Ihre Kränkung zu fühlen und zu verstehen.

Wenn Sie den Raum nicht verlassen können, bitten Sie Ihr Gegenüber um eine Bedenkzeit – das geht sogar mit Geschäftspartnern am Telefon:»Geben Sie mir eine Minute Zeit, darüber nachzudenken!«

Bis jetzt ist noch nichts geschehen, außer dass sich Ihr Schmerz hoffentlich ein bisschen beruhigt hat. Nun geht es an die Arbeit mit der Kritik. Sie können die kritisierende Person befragen (interessiert, nicht aggressiv):»Wie meinst du das?«Oder:»Wodurch genau fühlst du dich so verletzt?«Und wenn Sie hier genau hinhören, werden Sie folgende Weisheit bestätigt finden:»Niemand kann etwas über eine andere Person aussagen, ohne etwas über sich auszusagen!«Kritik klingt oft so absolut:»Du bist rücksichtslos!«Dahinter versteckt sich immer eine durchaus weichere, emotionale Aussage oder ein Wunsch. In diesem Fall zum Beispiel:»Ich möchte, dass du mehr darauf achtest, was meine Bedürfnisse sind.«

Wenn Sie Ihrem Gegenüber diese Einfühlung geben, verschwindet die Kränkung, die die geäußerte Kritik verursacht hat, von selbst.

Übung: Einer kritisierenden Person Einfühlung geben

Erinnern Sie sich an Personen, die Sie kritisiert haben. Diese Übung fällt leichter, wenn Sie an Personen denken, die Sie gut kennen. Es darf sich auch um Kritik handeln, die Sie sehr verletzt hat.

Schreiben Sie einen solchen Satz auf, versuchen Sie, sich in die kritisierende Person hineinzuversetzen und deren Gefühle und Wünsche zu verstehen.

Schreiben Sie zu dem kritischen Satz den Satz, den Sie gefunden haben.

(In der nächsten Situation, in der Sie sich von derselben Person gekränkt fühlen, können Sie fragen, ob Sie mit Ihrer Vermutung richtig liegen, etwa so:»Ich glaube, ich sollte mehr auf deine Bedürfnisse achten. Wolltest du mir das sagen?«

Nun wissen wir auch, dass sich in einer Kritik auch ein Körnchen Wahrheit versteckt, das kostbar sein könnte. Ihre Freunde beobachten Sie und nehmen etwas wahr, das Sie selbst nicht sehen (können). Wir haben alle die Erfahrung gemacht, wie groß die Kluft zwischen Selbst- und Fremdwahrnehmung sein kann. So sagt zum Beispiel jemand zu Ihnen, dass er Sie bewundert, weil Sie eine bestimmte Situation so selbstbewusst gemeistert haben. Das haben Sie anders wahrgenommen:

Innerlich haben Sie sich ganz ängstlich und zittrig gefühlt. So kann es eben mit den Ego-States auch sein: Ihre Umwelt nimmt den gut funktionierenden Erwachsenen wahr – und Sie fühlen das kleine Ängstliche Kind. Deshalb können wir davon profitieren, wenn andere uns beobachten. Nehmen wir also lieber die Information wahr, als uns durch die Kritik kränken zu lassen. (Hier hilft es, genau nachzufragen, was der andere meint.) Kränkung hindert uns daran zu verstehen, dass Hinweise und Beobachtungen nicht immer Urteile oder Vorwürfe sind. Probieren Sie es aus! In der letzten Übung haben wir danach gesucht, was die Kritik an uns wohl über den Kritisierenden aussagen könnte. Nun suchen wir danach, was sie – entschärft und liebevoll formuliert – wohl über uns aussagt, welchen Hinweis sie uns gibt.

Übung: Welche Erkenntnis bringt mir diese Kritik?

Nehmen Sie sich noch einmal die kritischen Sätze aus der letzten Übung vor. Versuchen Sie, sie wohlwollender zu formulieren. Erkennen Sie eine passende Aussage über sich selbst?

Beispiel: Ein Bekannter sagte mir: »Du kannst ja hart sein – war das denn nötig?«

Nach langem Nachdenken komme ich darauf: Manchmal entscheide ich schnell und administrativ (von oben herab, bestimmend). Auch wenn es nicht so gemeint war: Da traut sich mancher nicht mehr zu widersprechen. Da könnte ich vielleicht ein bisschen nachgiebiger sein.

Selbst wenn uns Kritik etwas nützen kann, bleibe ich dabei, dass es besser ohne sie geht. Sie ist verletzend und damit zeit- und kraftraubend. Besser wäre es, jemand würde mich fragen: »Ich habe da was beobachtet, willst du das wissen?«

Hier bietet sich ein Hinweis auf fast das schon berühmte Modell von den »vier Ohren« an. Es wurde von dem Hamburger Kommunikationspsychologen Friedemann Schulz von Thun entwickelt. Weil es hilfreich ist, wenn wir innere Anteile beruhigen wollen, will ich es hier kurz skizzieren. Das Modell ist einfach: Wir können denselben Satz auf verschiedene Art und Weise hören, je nach Stimmung, Persönlichkeitshintergrund und aktueller Situation. Schulz von Thun unterscheidet vier »Ohren« beim Empfänger. Er hört entweder auf der Sachebene, auf der Appell-, der Beziehungs- oder der Selbstkundgebungsebene. Hier ein Beispiel: Stellen Sie sich vor, jemand sagt zu Ihnen: »Du hast eine Nudel am Kinn.« Sie können diese Aussage hören als Information, und reagieren, indem Sie die Nudel vom Kinn klauben – oder sie dort lassen, weil Sie gerade einen berühmten Sketch parodieren wollen. Sie können diesen Satz hören als Appell: »Nimm die Nudel da weg!« Auf der Beziehungsebene könnten Sie interpretieren: »Wenn du die Nudel am Kinn behältst, kann ich dich gar nicht mehr leiden!« Oder als Selbstaussage: »Ich würde mich nicht trauen, so in der Öffentlichkeit zu erscheinen.«

Ob Sie also eine Aussage über Sie als Kritik verstehen und gekränkt sind, entscheiden, etwas verkürzt ausgedrückt, letztlich Sie selbst.

Natürlich gilt das Modell auch für den Sender: Er kann diesen Satz auf allen vier Ebenen senden. Deshalb ist es wichtig zu unterscheiden: Wie hast du gemeint, was du gesagt hast, und wie habe ich es verstanden: also fragen und abklären, bevor ein Beziehungskonflikt entsteht.

III. Das Ich hält eine Rede

Alle Ihre Ego-States haben im Laufe Ihrer Arbeit Aufmerksamkeit bekommen, am Ende auch Respekt und vielleicht sogar ein bisschen Sympathie.

Sehen Sie sich noch einmal Ihre ganz persönlichen Ich-Anteile aus den ersten Kapiteln und Übungen an. Und dann vergegenwärtigen Sie sich noch einmal die Teilnehmer aller Einzelgespräche. Sie haben jetzt verstanden, dass all diese Anteile zu Ihnen gehören und Sie ausmachen, als besondere, von allen anderen unterschiedene Persönlichkeit. Sie verstehen jetzt besser, wie Sie so geworden sind, wie Sie heute nun einmal sind, und können sich damit versöhnen:»Ja, so bin ich, und ich habe gute Gründe, warum ich so bin.«

Es handelt sich also hier um Ihr ganz persönliches Schlusswort. Deshalb ist dieses ein Kapitel, das ich nicht für Sie schreiben kann. Ich kann es für mich schreiben, und Sie schreiben es für sich selbst.

Meine »Ich-Rede« könnte so aussehen:

»Hallo, meine Lieben, ich begrüße euch. Lange habe ich schon mit euch zu tun, oft habe ich euch bekämpft, besonders dich, mein Wütendes Kind, oder euch zu übersehen versucht. Dich, mein Ängstliches Kind, wollte ich nicht so gern wahrnehmen. Mit dir, meinem Guten Objekt, hatte ich viel zu selten Kontakt. Statt mich mit dir zu verbünden, habe ich den verwirrten Inneren Kindern den Vortritt gelassen und mich dem Inneren Kritiker ohne Widerspruch gebeugt. Das habe ich besonders gelernt in meiner Lebensgeschichte: ›Keine Widerworte geben!‹, befahl mein Vater drohend – und ich schwieg. Dafür bedanke ich mich bei dir, mein Ängstliches Kind. Hätte ich damals widersprochen, so wäre das sehr schmerzhaft für mich ausgegangen. Du hast mir viele Schläge erspart. Doch du, mein Wütendes Kind, hast dafür gesorgt, dass ich Unrecht immer als Unrecht erkennen konnte. Besonders dankbar aber bin ich dir, mein Starkes Kind. Du hast nie aufgegeben. Auch in Zeiten der Not hattest du Hilfen für mich. Mit deiner Lust am Lesen, deiner Lust, Fantasiegeschichten zu erfinden, konntest du mich trösten. ... Ich verspreche, euch allen in Zukunft mehr Aufmerksamkeit zu schenken und euch nicht mehr allein zu lassen, wenn es schwierig wird. Sollte ich das vergessen, dürft ihr mich gern erinnern.«

Ich schlage folgende Übung vor, um den »Stoff« für die Ich-Rede zu strukturieren. Lassen Sie in diesem Fall (soweit es geht) allen Groll beiseite, konzentrieren Sie sich auf das Positive – und spüren Sie, wie der innere Kampf nachlassen und einem Gefühl von Ruhe und Dankbarkeit weichen kann.

Übung: Dir ... verdanke ich, dass ...

Schreiben Sie noch einmal in eine Spalte alle Namen der Ego-States, mit denen Sie gearbeitet haben. Zu jedem schreiben Sie, was Sie diesem Anteil verdanken.

Und jetzt ein Sahnestück – beziehungsweise noch eine Rede. Diese letzte Übung soll Sie als ganze Person positiv darstellen. Diese Rede soll Ihren Weg beschreiben. Wo kommen Sie her und mit wie viel Mut und Stärke haben Sie viele Schwierigkeiten gemeistert, bis Sie da hingekommen sind, wo Sie jetzt stehen. Stellen Sie sich vor, Sie halten eine Rede auf eine sehr geliebte Person, die einen runden Geburtstag feiert. Vielleicht können Sie diese Rede leichter ausdenken, wenn Sie sich beim Schreiben der Rede im Spiegel sehen oder ein Foto von sich, das Sie mögen, vor sich stehen haben.

Keine Hemmung – niemand zensiert Ihre Rede! Sollte eine Stimme in Ihnen (wieder) erwachen, die da sagt:»Eigenlob riecht nicht gut!« oder:»So toll bist du auch wieder nicht!«, sagen sie einfach:»Das ist ein Spiel und ich muss diese Übung machen! Hilf mir einfach dabei.«

Beenden Sie die Rede mit den Worten:»Ich darf jeden Tag meines Lebens mit dir verbringen, und ich freue mich darüber!«

Das können Sie sich gern mehrmals am Tag sagen, wenn Sie an einem Spiegel vorbeikommen.

Nachwort – und wie es weitergeht

Nun sind wir also am Ende unseres gemeinsamen Weges angekommen. Damit ist Ihre Reise natürlich nicht zu Ende – meine übrigens auch nicht. Es geht immer weiter, wird immer leichter, und wir werden immer gelassener und zufriedener. Wir müssen achtsam bleiben, das stimmt, zu schnell agieren wir wieder in unserer alten Weise – besonders im Stress. Da braucht es ein Werkzeug, das zu benutzen wir gewohnt sind und das schnell zur Hand ist. – Auch wenn wir längst wissen, dass es eigentlich ungeeignet ist. Wir müssen aber nicht so hart mit unseren alten Gewohnheiten umgehen, wie Mark Twain empfiehlt: »Eine Angewohnheit kann man nicht aus dem Fenster hinauswerfen. Man muss sie die Treppe hinunterprügeln, Stufe für Stufe.«

Da hat dieses Buch ja ein anderes Konzept verfolgt: Nichts wird aus dem Fenster geworden, nichts wird verprügelt. Was wirklich überflüssig geworden ist, wird mit Dankbarkeit die Treppe hinab begleitet, Stufe für Stufe. Veränderung ist kein Schalter, den man nur umlegen muss, sondern ein Prozess.

Aber was bedeutet es, in dem Prozess der Veränderungen geduldig und achtsam, aber konsequent fortzufahren? Ist Ihr Arbeitsbuch voll? Wenn nicht, benutzen Sie es einfach weiter. Wenn ja, dann schaffen Sie sich ein neues, womöglich noch schöneres an – und nennen es »Der weitere Weg«, »Schritte zur Vollendung« oder geben Sie ihm einen anderen romantischen Namen, der Ihnen einfällt.

Schön wäre es, wenn Sie sich weiterhin eine feste Zeit in der Woche für Ihre »Selbsterfahrung« reservieren könnten. Vielleicht jeden Sonntag von sechs bis sieben Uhr? Die Regelmäßigkeit ist keine Frage der Moral, sondern eine Technik, die Ihnen hilft, das zu tun, was Sie tun wollen. – Sagen Sie nicht oft: »Ich brauche Zeit für mich?« Gut, dann nehmen Sie sich eine von den sieben mal vierundzwanzig Stunden, die (auch für Sie!) jede Woche hat.

Eine wichtige Empfehlung für die Weiterarbeit ist, nicht zu »versuchen«, sich die Zeit zu nehmen. Damit bauen Sie sich ein starkes Hemmnis ein. Wie können Sie etwas versuchen, von dem Sie genau wissen, wie es geht und dass Sie es tun wollen? »Versuchen« ist also ein Rückschritt. Ich mache das an einem Beispiel klar: Stellen Sie sich vor, Sie sitzen auf einem Stuhl. Ich sage: »Versuchen Sie aufzustehen.« Dann stehen Sie auf – falsch, das habe ich nicht gesagt. Dann bleiben Sie sitzen – wieder ist die Aufgabe nicht gelöst, ich hab Sie ja gebeten, zu versuchen aufzustehen ... Sehen Sie, was ich meine. Kein Wunder, dass Hermann Hesses Demian gequält aufseufzt: »Ich wollte ja nichts als das zu leben versuchen, was von selber aus mir heraus wollte. Warum war das so sehr schwer?« – Sie wissen die Antwort: Er hat es »versucht«, statt es zu **tun**. Wenn ich übrigens versuche zu schwimmen, werde ich wohl untergehen. Also schwimme ich lieber.

Kommen wir also zurück zu der Frage: Wie kann es weitergehen? Gegenfrage. Wozu haben Sie denn Lust? Es gibt viele Möglichkeiten. Sie können sich regelmäßig mit Freundinnen zum Thema »Selbstentwicklung und -coaching« treffen (früher nannten wir das »Frauengruppe«). Auch hier könnten Sie mit diesem oder mit anderen Büchern arbeiten. Es muss nicht dogmatisch um das Thema »Innerer Kritiker« gehen. Ich habe schon einige Aspekte aufgezeigt, die damit im Zusammenhang stehen, aber auch für sich bearbeitet werden können, wie zum Beispiel:

Abschied von den Eltern der Kindheit

Umgang mit kritischen Menschen

Oder auch ganz etwas anderes: Die Entwicklung meiner Buddhanatur. Dieses Thema umschließt ja auch wieder viele andere. Ich glaube zwar nicht, dass irgendjemand in fünf Wochen zum Buddha werden kann. So verspricht es der Titel eines Buches des scharfsinnigen italienischen Psychologen Giulio Cesare Giacobbe. (Gautama Siddhartha hat auch viel länger gebraucht.) Aber ein Versuch lohnt sich allemal.

Sie können natürlich auch mit meinem Buch »Weck den Optimisten in dir« weiterarbeiten. Das müssen Sie nicht Seite um Seite tun, sondern nach Bedarf und Lust. Es geht darum zu sehen, welche Steine wir uns selbst in den Weg legen und wie wir damit aufhören können.

Sehr hilfreich finde ich auch das Buch »Von der Freude, den Selbstwert zu stärken«. Es arbeitet auch mit inneren Anteilen, fügt ihnen noch einen wichtigen hinzu, der in Ihrem Leben sicher auch eine Rolle spielt, nämlich den Faulpelz. Und auch in diesem Buch geht es um Integration, nicht um Ausschluss – und um Selbstbemutterung. Das letzte ist bei aller Selbstentwicklung vielleicht das wichtigste Stichwort.

Und so können wir langsam die Ketten sprengen, die sich um unser Herz gelegt haben, um es zu schützen. Sie erinnern sich sicher an den treuen Heinrich, den Diener des Froschkönigs.

Wie ein Kind können wir *beobachten statt zu urteilen*. Wir können staunen über das, was wir sehen, neue Zusammenhänge erkennen, die uns beim Urteilen verschlossen bleiben. So können wir die schönen Seiten des (manchmal wirklich schwierigen) Lebens mehr, vertieft oder auch ganz neu genießen.

Extraübungen

Wichtige Übungen, bitte so oft wie möglich üben, bevor Sie im Ernstfall angewendet werden

Was ist wirklich wahr – meine eigene Wahrheit finden – Körpertest

Vielleicht kennen Sie folgendes Gefühl: Jemand erzählt eine Geschichte oder lacht auf eine bestimmte Art, und Ihnen wird so merkwürdig zumute, Sie haben ein unbehagliches Gefühl (eher: Körperempfinden), vielleicht wie ein Kribbeln im Rücken und Nacken. Können Sie dieses Gefühl in Worte fassen, sagen Sie vielleicht:»Irgendwas stimmt hier nicht!« Oder:»Das klingt irgendwie falsch ...« Dies ist ein Feedback aus Ihrem Körper und damit eine wertvolle Instanz, weder durch einen *allwissenden* Verstand noch durch ein *subjektives* Gefühl beeinträchtigt. Sie können diese Möglichkeit im Alltag nutzen, wenn Sie sie ein wenig schulen – und dann später auch zur Beantwortung der Frage:»Was will ich wirklich?«

Machen Sie folgenden, ganz einfachen Versuch:

Sie denken an eine Speise, die Sie wirklich gern essen. Dann sagen Sie laut und ganz ernsthaft:»Mein allerliebstes Obst sind Erdbeeren.« Das ist wahr, und wenn Sie auf Ihr Körpergefühl achten, werden Sie feststellen, dass das Gefühl ganz wohlig ist. Machen Sie eine kleine Pause, trinken Sie vielleicht einen Schluck Wasser. Dann sagen Sie ebenso ernsthaft:»Ich hasse Erdbeeren, mir wird schlecht davon.« Vielleicht wird sich gleich beim ersten Mal das oben beschriebene Gefühl von *falsch* einstellen. Sonst suchen Sie einen anderen Test aus. Wichtig ist es, dass Sie bei dem Test genau wissen, was wahr ist. (Versuchen Sie es nicht mit der Aussage:»Ich liebe meine Eltern.«)

Wenn Sie diese Art der Antwortsuche beherrschen, kann sie Ihnen viele Hilfestellungen bieten. Sollte die Antwort manchmal nicht nach Ihrem Geschmack oder Ihrer Notwendigkeit ausfallen, dürfen Sie natürlich als erwachsenes, reifes Ich sagen: »Es ist nicht wirklich mein Wunsch – meine Meinung, aber in diesem Fall tu ich es so und so, weil … (mir die Freundin wichtig ist, der Chef unangenehm wird …) Wichtig ist, dass SIE entscheiden (und nicht ein ängstliches Inneres Kind).

Wenn Sie sich Ihrer Körperreaktion bewusst sind und diese sich klar einstellt, können Sie sich an die wirklich wichtige Problematik machen. Wichtig ist es, keine Frage zu stellen, sondern eine Aussage zu machen – kurz und positiv formuliert. Also: »Ich will in Neuseeland leben.«

Warten, in den Körper hineinfühlen: Fühlt sich dieser Satz gut an? Wahr? Pause …

Dann Gegenprobe: »Ich will in Deutschland leben.« Körpergefühle?

Einführung ins Pendeln als Entscheidungshilfe

Nach diesem Muster funktioniert übrigens auch das **Pendeln**. Es hat nichts Geheimnisvolles oder Überirdisches, sondern ist einfach eine Möglichkeit des Körper-Feedbacks. Und es macht Spaß. Hier also eine Anleitung:

Zuerst müssen Sie wissen, dass die Fragen so gestellt werden müssen, dass es klare Antworten geben kann: Ja, Nein, Vielleicht (Weiß nicht). Bevor Sie Ihre erste Frage stellen, probieren Sie die Richtung der Antworten. Das Pendel kann auf dreifache Weise schwingen: Von oben nach unten (Norden nach Süden), von links nach rechts (Westen nach Osten) oder im Kreis. Bleibt es stehen, gibt es einfach keine Antwort.

1. Nehmen Sie einen kleinen Gegenstand an einer Schnur. Das Ende der Schnur halten Sie zwischen Daumen und Zeigefinger fest. Der Ellenbogen steht auf dem Tisch, das Pendel hängt ruhig da.

2. Stellen Sie zuerst eine Frage, die eindeutig mit einem JA beantwortet werden muss, zum Beispiel die nach dem richtigen Wochentag: »Haben wir heute Montag?«

3. Bewegen Sie sich nicht, beobachten Sie das Pendel, vielleicht wiederholen Sie die Frage. Dann notieren Sie die Richtung der Antwort: Von rechts nach links gleich JA.

4. Stellen Sie eine Frage, die eindeutig mit NEIN beantwortet werden muss … Notieren Sie, welche Richtung das Pendel dabei anzeigt.

5. Stellen Sie eine Frage, deren Antwort Sie wirklich noch nicht wissen (ein nicht zu Ende geplanter Plan, eine Frage, die Sie jemand anders gestellt haben, der noch nicht geantwortet hat:»Gehe ich Sonntag mit Suse zusammen ins Kino?«).
6. Hier folgt die Antwort VIELLEICHT oder WEISS NICHT.
7. Gibt es gar keine Pendelbewegung, bedeutet das einfach: KEINE ANT-WORT.

Wichtige Übung, bitte so oft wie möglich wiederholen!!!
Verbesserung des Kontaktes mit dem Inneren Kind
Diese Übung wird Ihnen recht schnell mühelos gelingen. Sie ist steigerbar und kann viel Freude in Ihr Leben bringen. Und sie ist ganz einfach.

Machen Sie sie, so oft es geht – auf jeden Fall einmal am Tag, etwas, was Kinder gern tun, was Sie als Kind gern getan haben oder getan hätten. Das ist oft etwas, was Kinder einfach gern tun wie malen, schaukeln, hüpfen, Sandburgen bauen, Fragen stellen, bunte Bilder ansehen oder Zirkus und Zauberer besuchen. Kinderfilme im Kino anzusehen, gehört ebenso dazu, wie sich zu verkleiden.

Besonders gehören die Eigenschaften oder Verhaltensweisen dazu, die schon zu Kinderzeiten von Inneren und äußeren Kritikern verurteilt worden sind als falsch, albern, schmutzig, kindisch. Sie können zum Beispiel bei einem Spaziergang im Regen absichtlich durch alle Pfützen laufen (nicht mit Gummistiefeln!) oder laut singen, auch wenn fremde Menschen Sie hören und Sie nicht immer alle Töne exakt treffen.

Einfach ganz lange im Bett bleiben und Schokolade essen, ist genauso gut, wie früh morgens aufzustehen und barfuß draußen herumzulaufen ...

Diese lustvolle Übung bringt Sie nicht nur in Kontakt mit dem kreativen, fröhlichen Inneren Kind, es stärkt auch den Kind-Anteil in Ihnen, der ängstlich, maulig, lustlos Ihnen immer wieder mal Sorgen macht. Dieser ängstliche Anteil ist besonders anfällig für alles, was der Innere Kritiker sagt.

Unser erwachsene Teil sagt (also ich sage) dem Kind dann: »Du musst keine Angst haben, du darfst neugierig, laut und lustig sein. ICH beschütze dich.«

Diese Art des Inneren Dialoges nennen wir Arbeit mit dem Inneren Kind.

Wichtige Übung: Blick aus der Zukunft

Wenn Sie vor einer schwierigen Entscheidung stehen und Innerer Kritiker, Gutes Objekt, Unsicherer Verteidiger und Innere Kinder durcheinanderreden, wissen Sie oft nicht, was Ihr Ich wirklich will. Wenn dann auch die Wahrheitsfinde-Übung nicht mehr hilft, geht es vielleicht so: Es gibt bei jeder Frage mindestens zwei bis drei Antworten oder Entscheidungsmöglichkeiten. Schreiben Sie also die Frage auf eine Seite Ihres Übungsbuches und dann die möglichen Antworten. Lassen Sie unter jeder Antwort vier Zeilen frei.

Nun wenden Sie sich Ihrer ersten Antwort zu. Stellen Sie sich vor, Sie haben sich zu Antwort A entschlossen. Stellen Sie sich genau vor, wie es aussieht, was sich in Ihrem Leben verändert, so plastisch wie möglich, in allen Details.

Dann stellen Sie sich vor, wir haben jetzt **Morgen**.

Sie sehen auf Ihre Entscheidung zurück. Wie fühlt es sich an, sich so entschieden zu haben? Richtig? Unbehaglich? Fremd? Erleichtert?

Notieren Sie diese Gefühle kurz in die erste freie Zeile unter Ihrer ersten Antwort.

Dann fahren Sie fort, indem Sie es in Ihrer Fantasie **in einem Monat** sein lassen. (Sehen Sie das Datum auf dem Kalender.) Wie fühlt sich Ihre Entscheidung jetzt an?

Wie **in einem Jahr?** – Sehen Sie auf den Kalender, wir schreiben das Jahr …. Notieren Sie Ihre Gefühle zu Ihrer Entscheidung. Wie **in fünf Jahren?** – Ebenso aufschreiben, wie es sich anfühlt, vor fünf Jahren diese Entscheidung gefällt zu haben.

Machen Sie eine kleine Pause, damit Sie sich von dieser Möglichkeit der ersten Antwort distanzieren können.

Vielleicht bedienen Sie sich zur Unterbrechung und Entspannung der Übung *Wellen glätten*. Dann verfahren Sie auf die gleiche Weise mit den Antworten, die noch möglich sind.

Manchmal ist das Ergebnis eindeutig. Wenn nicht, hilft folgende Methode weiter:

Schreiben Sie hinter jede *Gefühlszeile* eine Punktzahl von eins bis neun. Eins heißt: eindeutig dagegen, neun heißt: eindeutig dafür. Ihre Entscheidung ist diejenige, die die meiste Punktzahl bekommen hat. Gestatten Sie sich, Entscheidungen zu treffen, die nicht 100%ig sind. Ich glaube, solche gibt es gar nicht, weil wir (fast) immer, wenn wir uns für etwas entscheiden, uns gleichzeitig gegen etwas entscheiden.

Wichtige Übung: Wellen glätten

Diese Übung eignet sich zur Selbstberuhigung nach erregenden Situationen – manchmal auch schon davor, vor wichtigen Entscheidungen und auch vor vielen speziellen Übungen hier im Buch. Häufiger durchgeführt, bringt sie große innere Klarheit.

Schließen Sie die Augen für kurze Zeit, atmen Sie fünfmal tief, aber anstrengungslos ein und aus. Öffnen Sie nun die Augen und lassen Sie sie in Ihrer Umgebung umherschweifen.

Überprüfen Sie, ob Sie bequem sitzen, dann schließen Sie die Augen wieder. Stellen Sie sich nun ein ruhiges, klares Gewässer vor, mit glatter Oberfläche, auf der sich das Licht spiegelt. Da fällt ein Stein in das Wasser. Auf der Oberfläche bilden sich Ringe, die sich ausbreiten. Der Stein fällt auf den Grund, und etwas Erde oder Sand wirbelt auf.

Beobachten Sie die Beunruhigungen in Ihrem Gewässer. Die Ringe werden weiter und flacher und laufen schließlich aus, der Boden wird wieder glatt, der Stein liegt darauf. Es ist ein schöner Stein ...

Anmerkung: *Mit ein bisschen Übung hilft Ihnen diese Imagination, innerhalb weniger Sekunden auch in brenzligen Situationen wieder zur Ruhe zu kommen.*

Ballast ablegen

Stellen Sie sich vor, Sie sind auf einer Reise. Weil Sie nicht genau wissen, was Sie erwartet, tragen Sie viel Gepäck mit sich. Dieser Weg ist Ihr Lebensweg, und er ist noch lang. Nun sehen Sie sich den Inhalt Ihres Gepäcks genau an. Welche Sorge, welche Ungewissheit, welche überflüssigen Regeln, welche Ängste tragen Sie so mit sich herum?

(Am besten, Sie schreiben eine lange Liste mit Ihrer Lasten mit Stichworten, aber so genau wie möglich, also nicht: Sorge um Oma, sondern: Sorge, ob Oma nach ihrer Lungenentzündung wieder ganz gesund wird.) Dann suchen Sie sich auf Ihrer Reise einen schönen Ort zum Rasten. Legen Sie all Ihr Gepäck ab, genießen Sie das sonnige Wetter und die Aussicht, atmen Sie diese Ruhe ein. Nachdem Sie sich ausgeruht haben, wollen Sie Ihre Reise fortsetzen. Sehen Sie sich den abgelegten Ballast genau an: Was wollen Sie wirklich mitnehmen? Den Rest decken Sie mit einer regendichten Folie zu und lassen ihn an diesem schönen Ort zurück.

Spüren Sie, während Sie lächelnd (!) weitergehen, wie viel leichter es Ihnen geworden ist ...

Wichtige Übung: ICH nehme wahr

Diese Übung eignet sich, bevor Sie eine Entscheidung treffen müssen, aber auch immer wieder, wenn Sie sich gerade unwohl fühlen und sich fragen: »Was ist denn eigentlich los mit mir?« – Manchmal erwischen Sie sich sicher auch bei der genervten und lieblosen Frage: »Was hab ich denn jetzt schon wieder?« Hinweise, dass es Zeit für diese Übung sein könnte, ist auch die klassische Frage, die Menschen einander gern stellen: »Ist was?« Denken Sie daran, was wir über das ICH gesagt haben, den zeitgenössischen Regisseur aller Ihrer Handlungen. Dieses Ich lässt sich schulen in der Technik des Beobachtens.

Setzen Sie sich also für einen Moment bequem hin und horchen in sich hinein.

Welche Instanzen spüren Sie im Augenblick? Was sagen sie? Was beunruhigt Sie gerade? Wie verhält sich die gerade wahrgenommene Instanz, was tun die anderen?

Sie nehmen die Position eines Beobachters eines Prozesses ein, interessiert, aber nicht sehr beteiligt und vor allem unparteiisch. Sie bewerten nichts von dem, was Sie da hören, strengen sich nicht an, etwas zu analysieren, zu klären, zu verändern. Sehen Sie möglichst ohne Anstrengungen einfach zu und sagen Sie sich: »Ach, das ist gerade los!«

Das ist schon eine Übung im Buddha-Sein. In der Regel merken Sie nach dieser Übung, dass das, was da »los war«, nicht so schwer wiegt, wie Ihr unbehagliches Gefühl vermuten ließ. Und manchmal ist es nach dieser Übung schon erledigt.

Wichtige Übung: Wahrnehmen, nicht urteilen, nicht bewerten

Welche Instanzen spüren Sie gerade? Was sagen sie gerade? Wie benehmen die sich? Sie nehmen die Position eines Beobachters eines Prozesses ein: interessiert, aber nicht sehr beteiligt und vor allem unparteiisch. Diese Übung können Sie, ganz kurz oder länger, jederzeit machen. Wenn Sie realisieren, was gerade in Ihnen vorgeht, werden Sie nicht so leicht von Ihren eigenen Reaktionen überrascht. Wenn Sie wissen, dass Sie wütend in ein Gespräch gehen, bekommen Sie diese Wut leichter unter Kontrolle. Es geht nur darum wahrzunehmen, was ist. Sie müssen es nicht ändern. Es ist einfach so, wie es ist. Ich nehme wahr, dass ich wütend oder ängstlich oder ärgerlich bin. Und ich sage *Ja* dazu.

Wenn das nicht funktioniert, gehen Sie in die nächste Runde: Ich nehme wahr, dass ich wütend oder ängstlich oder ärgerlich bin und das nicht sein will. Es ist einfach so, wie es ist.

Verzeichnis der Übungen

Ich bin ein schrecklicher Mensch
1. Teil 21

Ich bin ein schrecklicher Mensch
2. Teil 23

Ich bin ein schrecklicher Mensch
3. Teil 23

Ich bin ein schrecklicher Mensch
4. Teil 24

Ein schrecklicher Mensch
entschuldigt sich Teil 1 27

Ein schrecklicher Mensch
entschuldigt sich Teil 2 29

Ein schrecklicher Mensch
entschuldigt sich Teil 3 29

Ein Bild vom Ungeschickten
Verteidiger malen 30

Erinnerung an nette Menschen
Teil 1 31

Erinnerung an nette Menschen
Teil 2 32

Das Gute Objekt finden 33

Das Starke Kind 36

Benennen von Persönlichkeitsanteilen 39

Meine Ich-Anteile 42

Spüre Deine Buddhanatur 44

Kennenlernen vor der ersten
Konferenz 47

Entdecken Sie mehr von Ihrer
erwachsenen Seite 53

Wie bin ich und wer hat
etwas daran auszusetzen? 56

Ich und die anderen 65

Ich bin ein liebenswerter
Mensch 67

Mängelliste einer unmöglichen
Person 68

Punkte sammeln fürs
Karma 73

Kritik an mir 75

Was will ich eigentlich sagen,
wenn ich Kritik übe? 80

Was höre ich, wenn der
Innere Kritiker schweigt? 85

Kritik relativieren 106

Einladung zur Konferenz 108

Kontakt zum Ängstlichen Kind
aufnehmen 112

Kontakt zum Wütenden Kind
aufnehmen 114

Kontakt zum Starken Kind
aufnehmen 115

Kontakt zum Ungeschickten
Verteidiger aufnehmen 117

Der stete Kontakt mit dem
Guten Objekt 118

Begegnung mit dem Guten
Objekt 119

Den Inneren Kritiker
entschärfen 120

Den Inneren Kritiker mit seinen
Sätzen konfrontieren 121
Was meine Eltern mir alles
angetan haben 130
Meine Eltern von damals,
meine Eltern heute 131
Sich die Dinge erklären 132
Wie stehe ich zur neuen
Rechtschreibung? 139
Was möchte ich an mir
ändern? 140
Beobachten, ohne zu
urteilen 142
Einer kritisierenden Person
Einfühlung geben 144

Welche Erkenntnis bringt mir
diese Kritik? 145
Dir ... verdanke ich, dass ... 148
Was ist wirklich wahr – meine
eigene Wahrheit finden –
Körpertest 152
Einführung ins Pendeln als
Entscheidungshilfe 153
Verbesserung des Kontaktes
mit dem Inneren Kind 154
Blick aus der Zukunft 155
Wellen glätten 156
Ballast ablegen 156
ICH nehme wahr 157
Wahrnehmen, nicht urteilen,
nicht bewerten 158

Literatur

Bernhard, Thomas: Ein Kind. dtv, München 2011

Bradshaw, John: Wenn Scham krank macht. Knaur, München 2006

Giacobbe, Giulio Cesare: Zum Buddha werden in 5 Wochen. Goldmann,
München 2007

Hesse, Hermann: Siddhartha. Suhrkamp, Frankfurt a. M. 1974

Kopp, Sheldon B.: Triffst du Buddha unterwegs. Fischer, Frankfurt a. M. 2011

Potreck-Rose, Friederike: Von der Freude, den Selbstwert zu stärken.
Klett-Cotta, Stuttgart 2006

Rohwetter, Angelika: Weck den Optimisten in dir. Gräfe und Unzer,
München 2013

Welzer, Harald: Selbst denken. Fischer, Frankfurt a. M. 2014